植木理恵の人間関係がすっきりする行動心理学

監修 植木理恵

宝島社

植木理恵の人間関係がすっきりする行動心理学

監修　植木理恵 Rie Ueki

宝島社

はじめに

「行動心理学」とは、人間の行動を観察することにより、そこに一定のルールを見出し、〈心〉を研究する学問です。仮説、実験、解釈、考察といった科学的手法を用いエビデンス（根拠）を導き出す点において、目に見えない概念を追究する深層心理学とは一線を画します。

行動心理学の実験には、人間はもとよりさまざまな動物が使われます。たとえば、突然、非常ベルが鳴り響く部屋を用意し、そこに置かれた人間と犬の行動を比較する実験。ベルが鳴り始めると、犬はどうしたものかとパニックを起こします。しかし、しばらく歩き回ると、やがてあきらめ、じっと音に耐えるのです。

さて、人間はどうでしょうか。

すぐさま、音を止めるべくスイッチを探し始めます。その行為はスイッチが見つかるまで続くのですが、たとえ部屋の中にそのような装置がないとしても、人は探すことをやめようとはしません。そこに、犬との大きな違いが見て取れます。

動物は、無駄な努力をしません。これを「節約脳」というのですが、必要最小限のエネルギーしか使わないことで、過度のストレスを回避すると考えられています。

一方の人間はといえば、あれやこれやと不必要な考えを巡らせては、脳を疲労させます。ある意味、動物のほうが賢く、私たち人間は〈愚か〉ともいえるでしょう。

もっとも、その愚かさこそが人間を人間たらしめるところであり、無駄とも思える努力が、圧倒的な力をもって文化や芸術、学問を生み出しているのです。

「愚かであることがチカラになっている」

そのパラドックスと愛おしさ。私が心理学という学問を愛してやまない、そして〈やめられない〉理由は、そこにあるのかもしれません。

この本を通して、多くの人が行動心理学のおもしろさに触れ、みなさんに日々の生活の中で役立てていただければ本望です。

二〇一六年八月

植木理恵

Contents

植木理恵の人間関係がすっきりする行動心理学

Chapter 01 相手の心を見抜く 011

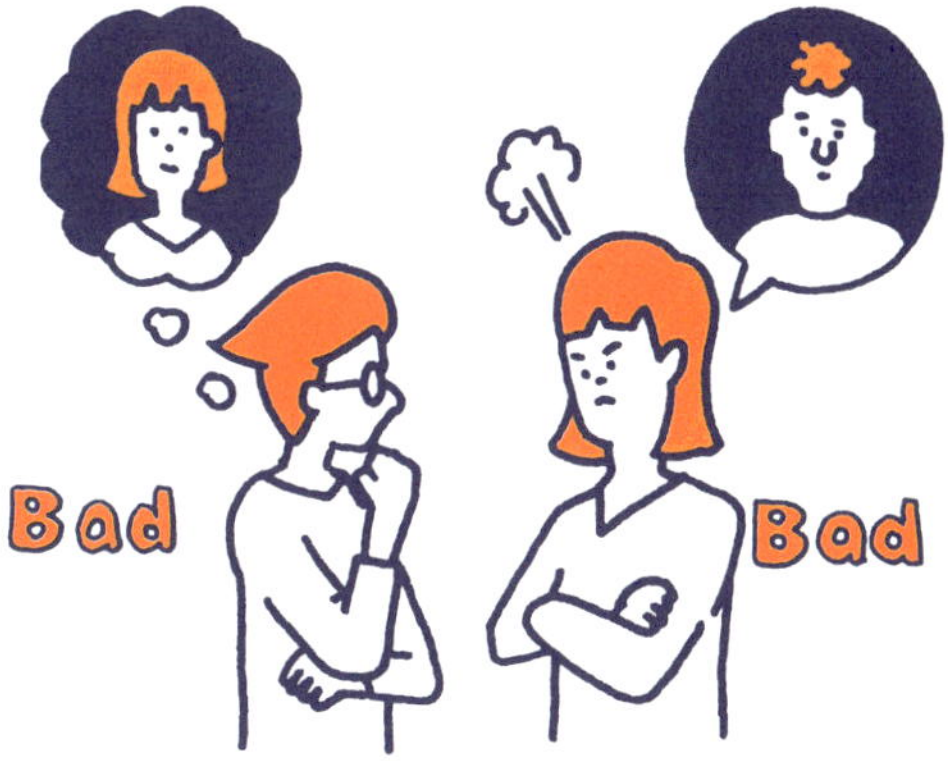
Bad
Bad

IQ

Chapter 02

相手の心をつかんで操る 093

Chapter 03 自分をコントロールする

JAM
JAM
JAM
JAM
JAM

Try3
Try2
Try1

実験column

Chapter 01

相手の心を見抜く

お互いを認め、リスペクトする!

科学的根拠で解き明かす人間の行動と心の関係

本題に入る前に、まず確認したいことがあります。

それは、**「相手の心を読み解く」ために大前提となるのは、「相手の心に関心を持つ」ということ。**そもそも相手に関心がなければ、心の内など見抜けません。関心を持てば、7、8割がた読みとることができます。まず何より、「相手を知りたい」という気持ちを強く持つことが重要です。

学校や職場での人間関係、恋人同士、夫婦間でも、今、目の前にいる相手の心が読めたなら、どんなにいいだろうと思うことがあります。そんなとき、**行動心理学**①はあなたの手助けをしてくれます。

第1章では、人が発するさまざまな「言葉」「しぐさ」「行動」の実例と、その意味するところを、実験や考察とともに紹介します。たとえば、食事中の発言であったり、じゃんけんの仕方、涙やウソ、悪口にも迫ります。

ここで、〈相手の心を見抜く〉ことに関する実験結果を1つ、ご紹介しましょう。「相手の心の変化を見抜けるか?」という実験ですが、統計結果で

keyword

①行動心理学
実験を通し、数値化された根拠を持つ科学的な心理学。

は子どもが一番、その能力が高いそうです。子どもは母親の機嫌や表情の変化にいち早く、気がつきます。逆に、夫は妻が怒っていても、悲しい顔をしていたとしても、あまり気づきません。

心の内や表情を読む能力は、一般的に「力（腕力）のない者」「体が小さい者」のほうが高いとされます。家族構成の中でいうならば、もっとも能力が高いのは子どもで、次に妻、一番最後が夫ということ。うつ病を患っていたり、ストレスを抱えている人のほうが、元気な人よりも他人の心に敏感であるのも同じ理由です。

個々の能力は、その必要性と密接に関係しています。**〈心を読む〉という点において、男性が女性や子どもに比べて劣っているのは、その能力を第一に必要としていないから**です。

最後に、臨床心理士としてのアプローチ法も、少しご紹介しましょう。

私たちは、まず対象者を**類型化（②）**することから始めます。内向型、あるいは外向型。情緒安定型、情緒不安定型といった分類です。

keyword

②類型化

それぞれの典型例と照らし合わせて
分類すること。

その組み合わせで、①内向型で情緒が安定している、②内向型で情緒が不安定、③外向型で情緒が安定している、④外向型で情緒が不安定という、4パターンをつくります。そこがスタートラインになります。

まずは、内向型、外向型という観点から見てみましょう。ここでいう内向型とは、「自分の内側に精神エネルギーが向かう人」「自分の中に答えがある人」を指します。あまり他人の動向に左右されず、いわゆる「空気を読めない」といわれるタイプは、こちらに属します。

一方、外向型とは「物事を決める判断基準を自分の外側に持っている人」を指します。のべつ他人を気遣い、空気を察して行動するため、「自分がないのでは？」と悩むようです。また、外向型の人は〈自分探しの旅〉と称して、遠くへ行きたがる傾向があります。残念ながら、何も見つけられずに帰ってくることが多いのですが……。

次に、情緒安定型、情緒不安定型について考えてみましょう。

「情緒不安定型」の傾向にある人は、1つの話題からなかなか抜け出せませ

keyword

③キャラクター
持って生まれたDNAレベルでの気質。

Introduction 01

ん。つまり、「この人、また同じことをしゃべっているな」という人。人間関係でも、たった1つの行き違いが気になって眠れなくなるタイプです。逆に、情緒安定型の人は、すぐに気持ちを切り替えることができるので、1つのことに執着しません。

ここでいう情緒安定型、情緒不安定型というのは、よし悪しではありません。**生まれ持ってのキャラクター（③）であり、〈能力〉ともいえるもの**です。いずれの型も、人の核となる部分は生涯、変わることはありません。

つまりは、そこを否定せずに認めることが大事。**自分のキャラクターと向き合い、うまく生かしている人にこそ、成功者が多い**ようです。

これは、言葉を換えると「あきらめる」ということ。私は「諦める」という言葉を、明るいという字を使って「明らめる」と書くようにしています。**よい意味で開き直って、互いの特性をリスペクトし合えば、人間関係も自然とすっきりし、明るくなる**ことでしょう。

01

psychology

日本人よりもアメリカ人のほうが〈和〉を重んじる人種

「和をもって貴しとなす」はウソ

日本人の精神性を示す言葉として、「和をもって貴《とうと》しとなす」というフレーズが知られています。これは聖徳太子の『十七条憲法』に書かれた一文で、「人と人との協調が大事」という意味。**個人主義（①）**の欧米に対して、日本では昔から周囲との調和を重んじていたことが、この文から読み取れるといわれます。

ですが、実は**心理学の実験では、そもそも日本人は「和をもって貴しとしない」という結果が出ている**のです。

長年にわたって〈信頼〉をテーマに研究を行う社会心理学者、山岸《やまぎし》俊男《としお》氏らの研究グループは、日本人とアメリカ人を対象にアンケート調査を行い、両者の他人に対する信頼性の違いをあきらかにしました。

調査では、計246人のアメリカ人学生と計928人の日本人学生、さらには無作為に抽出された計265人の一般アメリカ人、計208人の一般日本人から回答を得ました。アンケートでは、「ほとんどの人は基本的に正直である」「たいていの人は、人から

keyword

① 個人主義
社会や集団ではなく、個人を重視する思想。道徳や教育の分野においては個人の自律性を尊重し、政治の分野においては個人の自由と権利を尊重し、経済の分野では私的利益の追求を尊重する。

② 一般的信頼
他者一般に対する信頼。見ず知らずの人も含めた人間全般に対する信頼の程度を表す。友人・恋人・家族といった特定の個人に対する信頼とは別のもの。

信頼された場合、同じようにその相手を信頼する」などの項目において、**一般的信頼（②）**のレベルを測定しました。

すると、他人に対する一般的信頼は、日本人よりもアメリカ人のほうが高いという結果が出たのです。つまり、**日本人よりアメリカ人のほうが、他人を信頼している**というわけです。

また、**日本人はアメリカ人に比べ、特定の相手との関係を維持し、そのことで相手から特別扱いを受け、なんらかの利益を得ようとする傾向がある**こともわかったのです。

日本人の信頼の裏には下心あり

日本人とアメリカ人を比較した類似の実験結果として、**「日本人は集団主義（③）」という通説は誤り**だとするものがあります。

心理学者の高野陽太郎《たかのようたろう》氏は、自身の研究も含め、アメリカ人と日本人を比較した研究を集めて調査しました。

集団主義と個人主義の程度を測定した調査研究が11件。自分の意見を無視して他人の意見に従う「**同調行動（④）**」の実験研究が

keyword

③ 集団主義
個人主義の対義語。個人よりも集団の目的や利益を重視して優先する。「日本人は集団主義」という通説が根強い。

④ 同調行動
他者に合わせ、自分の意思を抑制して行動すること。同調には、他者の考えを本心から受け入れて自分の考えを変える「内面的同調」と、本心では受け入れていないが、その場を取りつくろうために相手に合わせる「表面的同調」がある。

5件。自分の利益を犠牲にして集団に貢献する「協力行動（⑤）」の実験研究が6件。以上、計22件の研究の結果を調べると、「日本人とアメリカ人にあきらかな差はない」という結果を報告しているものが16件。そして、**「アメリカ人のほうが集団主義」という結果が5件もあり、「日本人のほうが集団主義」という結果は、わずか1件**しかありませんでした。

また、高野氏は、言語学や教育学、経済学の研究も調査し、「日本人は集団主義」という通説は間違っているとの結論を出しています。たとえば、「日本語では自己と他者の区別があいまいだから、日本人は個人主義でなく集団主義になった」という日本人論があります。ですが、高野氏によると、筑波大学の廣瀬幸生《ひろせゆきお》氏とカリフォルニア大学の長谷川葉子《はせがわようこ》氏との共同研究で、**日本語には自己と他者を区別する特性がちゃんとある**ことが判明したといいます。

誰かが自分を信頼してくれることはうれしいもの。ですが、その裏には「この人と仲よくしておくと、いいことがあるだろう」という思惑があるかもしれません。「○○さんのことを信頼しています」と言われても、鵜呑《うの》みにしないほうがよさそうですね。

⑤ 協力行動

他者や社会の利益のために行う行動のこと。非協力的行動をとったほうが自分にとって得な場合でも、他者のために行動することを指す。たとえば、漁師がたくさん魚を獲れば、それだけ儲けられるとわかっていても、自然環境のために乱獲を避けることなどが協力行動の例。同調によって社会や集団が円滑に動く面もあるが、少数派の意見が無視される、社会や集団が誤った方向に導かれるという問題点もある。

02

psychology

胸の大きさにこだわる男性は結婚に向いていない

「胸が大きい女性は優しい」と妄想しがち

男性向け雑誌のグラビアでは、胸の大きいグラビアアイドルが人気です。好みの女性を聞かれて「胸が大きい人」と答える男性もいますね。

女性の胸は**セックスシンボル**①なので、男性なら性的魅力を感じるのも当然。張りがあって上を向いた健康的な胸は、生殖能力の高い〈若さ〉の象徴であり、男性は本能的に惹かれるものがあるのではないか、ともいわれています。

とはいえ、男性があまりにも女性の胸の大きさにこだわるようであれば、問題があるといえるでしょう。というのも、**女性の胸の大きさばかり重視する男性には、結婚に不向きな傾向がある**からです。女性の場合は、彼氏が「胸が大きい女の人が好き」と公言するようなタイプなら要注意。男性の場合は、自身が「恋人にするなら、絶対に胸の大きい女性がいい」と思っているなら注意が必要です。

母乳が出る胸は、母性と結びつけてイメージされやすいもの。

keyword

① セックスシンボル

直訳すると「性の象徴」。性的魅力で人気を獲得したタレント、ミュージシャンなどの有名人もセックスシンボルと呼ばれる。男性に対する女性の性的魅力の象徴としては、大きな胸以外には、ぽってりとした厚い唇、細くくびれたウエスト、張りのあるみずみずしい肌、澄んだ目、豊かな表情、光沢のある髪、引き締まった筋肉、若々しい足どりなどがある。逆に女性にとっての男性の性的魅力の象徴としては、たくましい胸と腹筋、上を向いたお尻、大きく豊かな胸は、母乳を吸っていた幼いころの記憶を無意識のうちに呼び覚ますのか、**〈大きい胸の女性=母親のように優しい女性〉と考えられがち**です。

そうした点から、胸の大きい女性を好む男性は「胸の大きい人なら、女性的で優しいだろう」と短絡的に考える傾向があります。ですが、当然のことながら、胸の大きい女性が必ずしも優しいわけではありませんよね。**「胸が大きいから優しく、女性的な性格だろう」と考えるのは、男性側の勝手な妄想**です。

〈泣いている人に声をかける男性〉は結婚向き

イギリスで18~68歳の361人の男性を対象に、ある調査が行われました。女性の胸の大きさを、「ほどよい大きさ」「少し大きめ」「かなり大きめ」の3段階に分けて、男性にどれが好みかを聞いたのです。

結果は「ほどよい大きさ」が30%、「少し大きめ」が25%、「かなり大きめ」が20%でした。この結果から、巨乳派が多数派ではな

keyword

引き締まった腰、逆三角形の背中、力強い腕、すべすべとした肌、細くきれいな指、歯並びのいい白い歯、知性の感じられるスーツ姿などがある。

② IQ

Intelligence Quotientの略で、知能指数のこと。知能検査によって算出された数値で、100が平均値。約70%の人がIQ85~115の範囲に位置し、約2%の人がIQ135以上といわれる。算出方法は1つではなく、従来型IQは、知能検査の結

いことがわかりますが、**女性を自分の理想の型にはめたがる性格の男性ほど、大きな胸を好むという傾向が見られた**のです。

また、この調査では回答するまでの時間もはかっていたのですが、**胸が大きい女性が好みと即答する男性は、IQ（②）が低い**という傾向もわかったのです。

「胸が大きい女性は優しい」と短絡的に考え、恋人に自分の理想像（③）を押しつける上、頭もよくない男性が結婚相手にふさわしいとは、いえませんよね。

では、逆に**どういうタイプの男性が結婚に向いているかというと、たとえば、お葬式などの場で泣いている友人に、なぐさめの声をかけるような男性。**

悲しんで泣いている人に声をかける、というのは簡単なことではありません。声をかけずに帰っても、決して責められはしないでしょう。それでもあえて声をかける男性は、相手の悲しみに共感することができる性格の持ち主。泣いている友人をそのままにしてはおけないという責任感もあります。そういう男性は結婚後もちゃんと、責任感のある人間関係を築くことでしょう。

果の精神年齢を実年齢で割って100倍にした数値。偏差IQは「(個人の得点−同じ年齢集団の平均点)÷(15分の1または16分の1×同じ年齢集団の標準偏差)+100」で計算する。

③ 理想像
心理的に病んだ人は、高過ぎる理想像を自分に課して憔悴することがある。自分に対する失望感から、他人に非現実的な高い理想像を期待する傾向もある。

03

psychology

ジャンケンで パー、グー、パーを 出す人はやる気がない

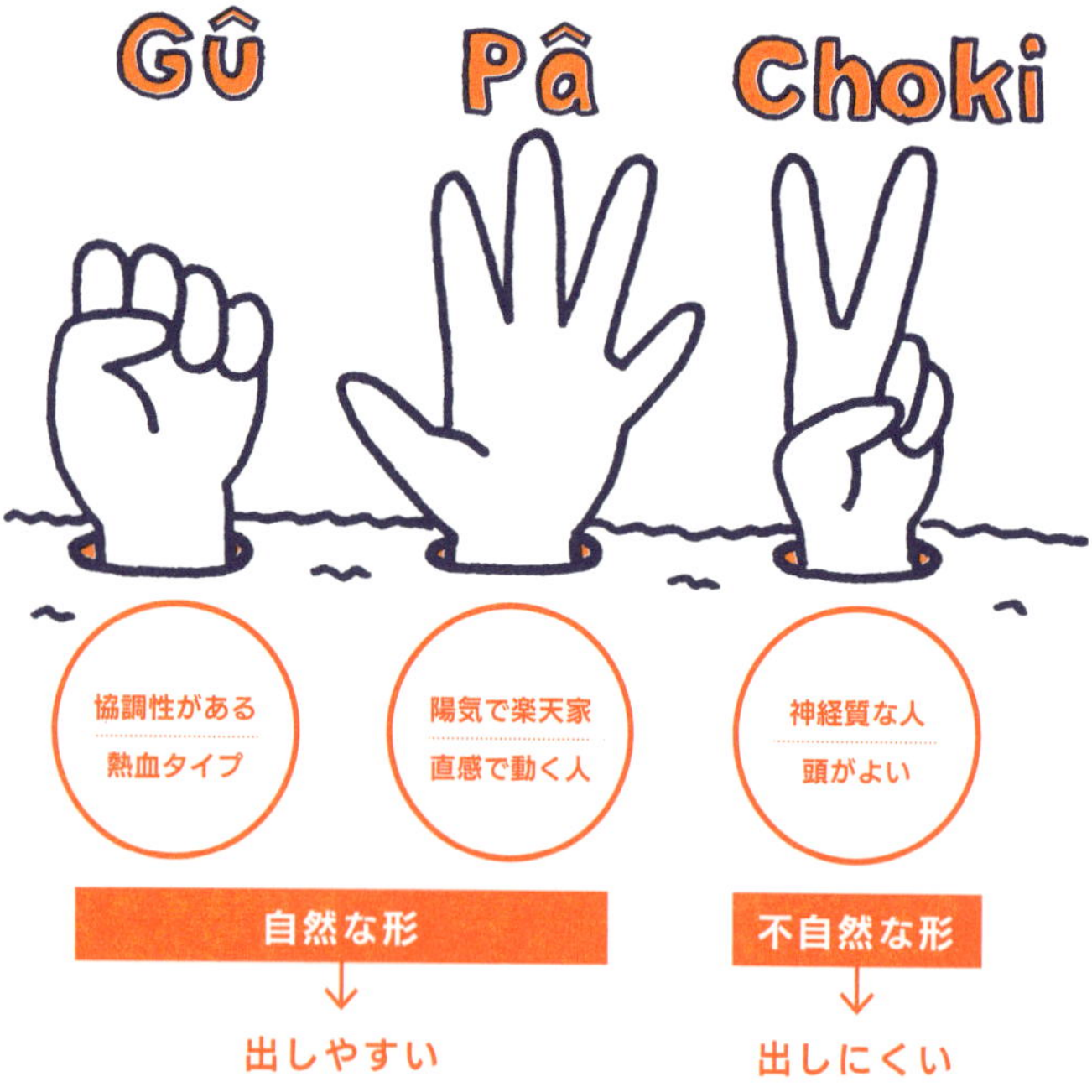

知能が発達すると、チョキを出す

日常生活のさまざまな場面で、ジャンケンをする機会がありますよね。あなたも、子どもから大人になるまで、何回もジャンケンをしてきたことでしょう。実は**グー、チョキ、パーのどれを、どの順番で出すかによって、その人の内面がわかる**のです。

グー、チョキ、パーの中で、こぶしを閉じるグーと、こぶしを広げるパーは、自然に出しやすい手の形をしています。それに対して、人差し指と中指だけを出すチョキは不自然な形で、一番出しにくいもの。

ですから、**人は成長して知能が発達（①）する中で、徐々にチョキを出すようになる**のです。そういう意味で、パー、グー、パーといったように、**チョキを出さずにグーとパーを繰り返し出すような人は、よく考えず、やる気がない状態**といえるでしょう。

たとえば、あなたが何かを賭けて誰かとジャンケンするとき、相手がパーとグーばかりを出しているなら、実はその相手は賭けているものに、それほど興味がない可能性もあります。

keyword

① 発達
大阪保険医療大学大学院教授の田中美郷（たなかよしさと）氏によると、子どもにとってチョキの形は難しく、子どもの90％がチョキの手の形をつくれるようになる年齢は3歳0カ月だという。

② 協調性
イギリスの哲学者・言語学者のポール・グライス氏は、他者とコミュニケーションで協調するための原理として、「量」「質」「関連性」「作法」において4つの公理（決まり）があると

ジャンケンで性格や心の動きがわかる

ジャンケンから読み取ることができる心理や性格は、ほかにもあります。

たとえば、**グーを多めに出す人は、素直で協調性②がある**タイプ、**熱血な性格**だといわれます。言葉を換えると、単純で感情がわかりやすいタイプとも。また、「最初はグー」というかけ声の影響もあって、とっさにグーを出す人が多いというデータもあります。

チョキを多めに出す人は、神経質③な性格、頭がよい人だといわれています。前述のように、チョキは出しにくい手の形なので、それをよく出すのは器用な人とも考えられます。また、**出しにくいチョキを織り交ぜるということは、何を出せば勝てるのかを考え抜く戦略家タイプ**ともいえるでしょう。

パーを多めに出す人は、陽気で楽天家④。あまり深く考えず、直感的に行動する傾向があります。

このように、ジャンケンはルールが単純なだけに、相手の性格

keyword

した。量の公理は、会話のとき必要な情報を出すこと、必要以上の情報を出さないこと。質の公理は、ウソを言わないこと。関連性の公理は、話題に関連することだけを言うこと。作法の公理は、明解に簡潔に順序立てて伝えること。

③ 神経質

精神科医の森田正馬（もりたまさたけ）氏は、「自分の心身に病的なものがあるのではないか」と不安に考える神経質的な傾向のことを〈ヒポコンドリー性基調〉と呼んだ。外

や心の動きが出やすいもの。つまり、**ジャンケンは相手の性格や心の動きを読み解く大きなヒントにもなる**のです。

逆に、人間の心の動きを考えれば、ジャンケンの勝率を上げることもできます。

たとえば、「最初はグー」のかけ声でグーを出してから、ジャンケンを始める場合。そのままグーを出す、つまりこぶしを握った状態を続けるというのは、心理面や肉体面において不自然な状態ですよね。

そこで次はグーではなく、チョキかパーを出す可能性が高いのです。「最初はグー」のかけ声があるとき、こちらは次にチョキを出せば、負ける確率は低いでしょう。

「最初はグー」のかけ声がなく、いきなりジャンケンをする場合は、相手の性格にもよりますが、人間にとって手を開いたパーが一番自然な状態なので、パーを出す確率が高くなります。とくに**心の準備ができておらず、いきなりジャンケンをするときは、パーを出す確率が一層、高くなります。**

出時に家の鍵をかけたかどうか、不安に思って何度も確かめるような人はヒポコンドリー性基調の傾向がある。

④ 楽天家

心理学者マーティン・セリグマン氏は、楽観的に物事をとらえる人と、悲観的に物事をとらえる人とで仕事の成績に影響が出るとしている。生命保険会社の営業員を対象に調査したところ、楽観的な社員は悲観的な社員より販売成績が29％も高いというデータを得られた。

04

psychology

悲しい映画を観て泣く人は腹黒い

〈涙もろい人〉は心が優しいのか？

あなたは〈涙もろい人〉に対して、どういう印象を持っているでしょうか。

たとえば、悲しいストーリーの映画を観ると、すぐ泣いてしまう人は、どういう性格だと思いますか？　映画の中の登場人物に深く**感情移入①**することができる、心の優しい人といったイメージを持つのではないでしょうか。

ですが、そういったイメージをくつがえすデータがあるのです。イギリス・オックスフォード大学で、**感情②**と**涙腺《るいせん》③**にたまる水分の関係、つまり感情と涙の関係を調査しました。

その結果、人間が涙を流すときは、「痛みを感じる」「悔しさを感じる」「悲しみを感じる」という3つの条件があることがわかりました。

そして、**悲しみの感情は、「自分や自分に近しい人に悲しいことが起きたときに感じるもの」と、「自分とは関係ない人に悲しいことが起きたときに感じるもの」とに分けられました。**

keyword

① 感情移入
他人に自分の感情を投射して、自分のことのようにその感情を体験すること。「寂しげに1本だけ立っている木」など、人だけでなく物を対象として感情移入することもある。

② 感情
喜びや悲しみなど、人の心の中で主観的に感じる気持ち。アメリカの心理学者ウィリアム・ジェームズ氏とデンマークの心理学者カール・ランゲ氏は、「悲しいから泣くのではなく、泣くから悲し

後者はテレビで悲しいニュースを聞いたときや、映画や本などで悲しいストーリーを味わったときに感じるもの。いってしまえば、〈他人事の悲しさ〉です。

そして、〈自分にとっての悲しさ〉と〈他人事の悲しさ〉では、なんと後者のほうが、涙腺がゆるむということが判明したのです。つまり、**悲しさが他人事として伝わったときのほうが、人間は涙をたくさん流す**のです。

悲しい映画を観たとき、登場人物のことを自分に重ねて観る人よりも、**しょせん、登場人物は自分とは関係ない他人だと思って客観的に作品を観ている人のほうが、たくさん泣く傾向がある**というのです。ある意味、涙もろい人は涙の原因となる対象を突き放しているわけですから、どこか冷静、場合によっては、悲劇を楽しんでいる腹黒い人なのかもしれません。

〈うれし泣き〉は感情のバランサー

涙を流すのは「痛みを感じる」「悔しさを感じる」「悲しみを感

keyword

い」という説を唱えた。ジェームズ・ランゲ説だと、刺激によって感情が動いて体に変化が起きるのではなく、刺激によって体に変化が起きて感情が引き動かされるのである。一方、アメリカの心理学者ロバート・プルチック氏は色分けした立体図「感情の環」で感情を分析した。プルチック氏は、喜び、悲しみ、受容、嫌悪、恐れ、怒り、驚き、期待という8つの基本的なものが組み合わさって感情ができ上がるとしている。

じる」という3つに分類できると紹介しましたが、それ以外にも〈うれし泣き〉という言葉があります。なぜ、うれしいときも人は涙を流すのでしょうか？

この疑問には、アメリカ・イェール大学の心理学者オリアナ・アラゴン氏が答えてくれています。アラゴン氏は、うれし泣きのときに起きる心の動きについて調査しました。

「海外に派遣されていた軍人の夫が帰宅したときに泣いてしまった妻」「自分の赤ちゃんがかわいらしくて、思わずほっぺたをつねってしまう親」などのエピソードを被験者に読ませて調査したところ、涙もろい人ほど、こうしたエピソードに共感しやすいことがわかりました。

この結果を受けて、アラゴン氏は「**強烈にポジティブなうれしさを感じたとき、泣くことで感情のバランスをとっている**のかもしれない」と分析しています。

このように、涙の裏側の感情は、単純なものではありません。もし、あなたの身に起きたことに対して泣いている人がいても、それは他人事だから泣いているのかもしれませんよ。

③ 涙腺
涙を分泌する器官。耳側のまぶたの奥にある。涙の分泌を刺激する神経は三叉（さんさ）神経、副交感神経、交感神経の3種類。三叉神経は、目に異物が入ったときなどに作用する。副交感神経は、悲しみなどの感情によって作用する。交感神経は、涙液の常時分泌に作用する。涙液はつねに分泌されているが、その多くは鼻側にある涙点から吸引されて鼻腔（びこう）に排出されているので、涙液は目からあふれ出ない。

05

psychology

女性は男性よりも白黒はっきりさせたがる

幼いころからグレーは許さない

男性に比べて、女性はニュートラルな状態を好まないという傾向が、幼いころから見られます。

ある5歳の女の子を対象に行った実験があります。女の子に次のような質問をします。「お母さんのお手伝いをしていた太郎くんは、お皿を一度にたくさん運ぼうとして何枚も重ねたら、落として全部、割ってしまいました。悪いのは太郎くんですか？」

すると、女の子は「太郎くんが悪い」と即答（①）。そこに、「太郎くんはわざとじゃない」「お手伝いをしたところはえらい」などという考えは、まったく入り込まなかったのです。

女の子は成長すると、思春期からガールズウォーという時期に入ります。文字どおり〈戦いの時期〉ですが、**女性は面と向かって攻撃せず、「あの子って○○だよね」と間接的に攻撃する特徴があり、**人間関係が

複雑になります。そうした複雑な女性社会の争いで勝つために、白黒はっきりさせたがる傾向があるのです。女性と言い争いになったとき、グレーな回答では言い逃れができないということを、男性は念頭に置いたほうがいいかもしれません。

keyword

①即答

女性にとって大事なのは、とりあえず答えを出し、自分の立場を白黒はっきりさせることであって、その答えが正解か不正解かはあまり重要ではない。一方、男性は正解か不正解かをよく考えるため、答えが見つからないといったんグレーな状態にして、答えを先延ばしにする傾向があるという。

column 01

赤ワインの色＆味を
プロの批評家が評価する

批評家も見た目にダマされる!?

実験

実験内容

1

ボルドー大学の研究者ブロシェ氏によって行われた実験。ワインに関するプロの批評家たち数十人を被験者に、ワインの色・味を評価してもらった。

2

グラスに注いだ赤ワインと白ワインの色を評価してもらう。その際、出された赤ワインは、赤く着色した白ワインであり、被験者がそれに気づくかどうかを調査する。

3

次に最高級のラベルを貼ったビンと、安物のラベルを貼ったビンにワインを入れる。中身は同じだが、被験者にはそれぞれ別のワインとして出し、味を評価してもらう。

解説

外見のよし悪しに引っ張られて、その価値を正しく評価できないこと、ありますよね。それが批評家ならば、見た目にダマされないのかどうかを調べた実験です。

結果

色の評価では、全員が赤く着色された白ワインだと気づかず、「ジャムのような」などと各々の表現で批評しました。味の評価では、最高級のラベルを貼ったビンから注いだワインに高評価、安物のラベルを貼ったビンから注いだワインに低評価を下し、同じワインであると誰ひとり気がつきませんでした。

考察

ワインの名産地として名高いボルドーで行われた実験です。被験者として参加した批評家たちは、自身の目利きに自信を持っていたことでしょう。

ところが、結果は惨敗。プロの力をもってしても、見た目にダマされてしまったのです。人間の判断や意思決定は、視覚情報（見た目）に大きく左右されるということが、改めてわかりますね。

関連実験
人間性も見た目で判断

人間性においても見た目が重要であることを証明した、心理学者スナイダー氏によるインターホンの実験です。

被験者の男性に、女性の顔写真つきプロフィールを渡します。その後、声の主はプロフィールの女性だと偽って、インターホンを通じて別の女性と会話してもらいました。結果、プロフィール写真の女性の外見的魅力が高いほど、被験者は「社交的だった」などと、よい評価をしたのです。内面を正確に評価するのは、難しいものですね。

06

psychology

集合写真の前列でピースする人はモテない

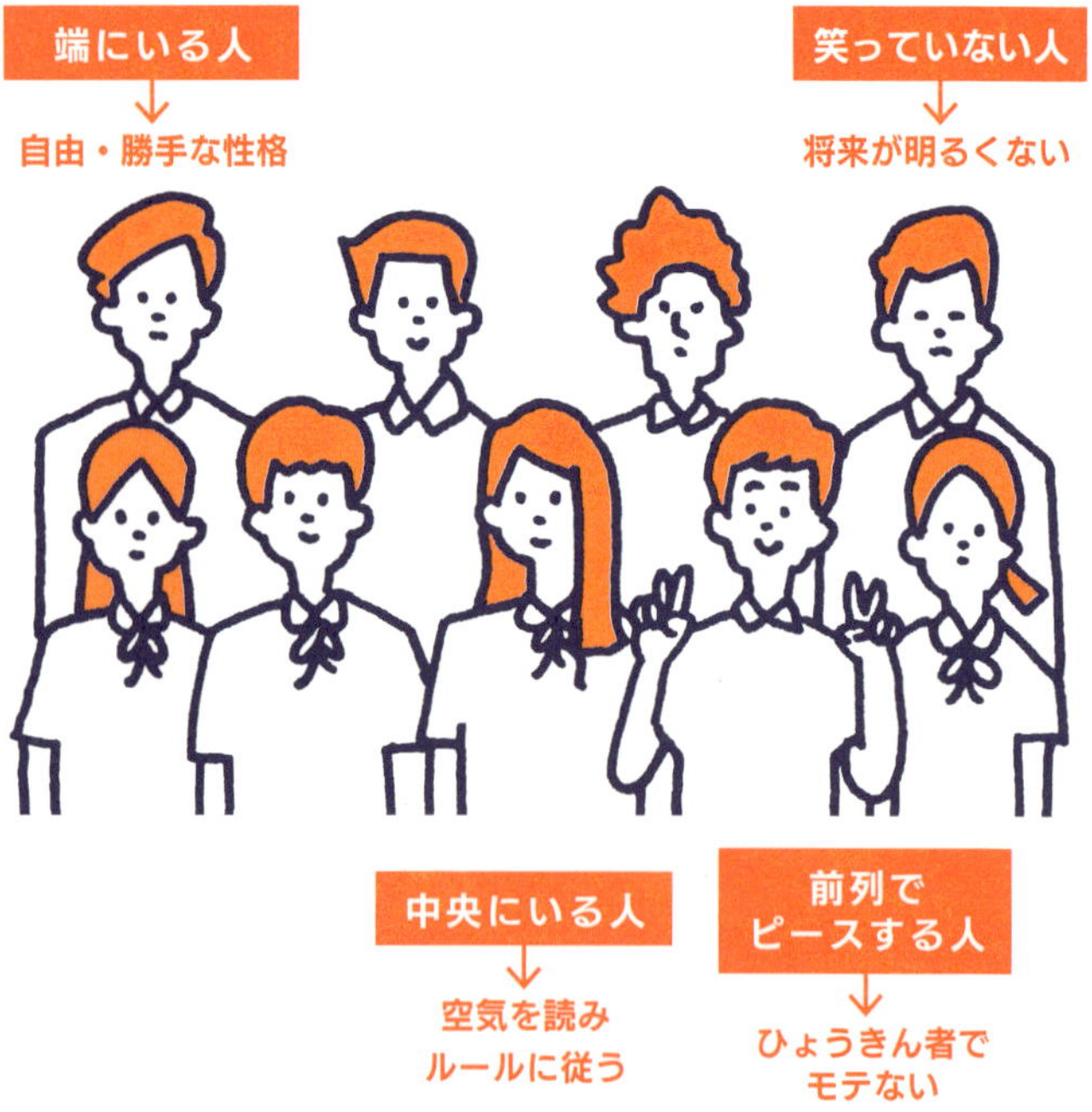

写真にどう写るかで性格がわかる

あなたは集団で写真を撮るとき、どのポジションをキープして、どういうポーズをとるでしょうか。実は、それによって性格がわかるというのです。

「プロファイリング①」と呼ばれる捜査方法があります。アメリカで発達した方法で、さまざまな証拠を過去の統計データや心理学の理論に照らし合わせて、性別や年齢、性格などの犯人像を浮かび上がらせていくものです。

当然、集合写真も証拠の1つになります。そして、集合写真をプロファイリングすると、次のようなことがわかるのです。

まず、一番端に写っている人。中央ではなく端を選んだことを考えると、一見、ひかえめな性格に見えるでしょう。ですが、端にいることで、左右どちらかの空間をあけ、自分の場所を大きくとろうとしているともいえます。

また、列をつくることに積極的ではありません。そういった点から、**端に写る人は自由を愛する人、または自分勝手な性格**と分

keyword

①プロファイリング

「プロフィールを作成すること」を意味する単語で、犯罪に関する分析方法を指す。蓄積された過去の犯罪に関するデータなどから犯人像を浮かび上がらせていくほか、心理学の知識も応用して、犯人がどういった人物なのかを推測する。1970年代からアメリカのFBIによって研究が行われ発達したものだが、日本の犯罪捜査でも採用されている。

析できます。

そして実は、犯人である可能性も一番、高いのです。

一方、真ん中に写る人は、両側に人がいることで**パーソナルスペース②**をつぶされても平気な人。両側に人がいることで、ポーズが制限されても気にしないのだから、出しゃばりな人ではなく、むしろ規範に沿う人、性格のいい人といえるでしょう。

また、「写真を撮るから並んでください」と言われたとき、誰かが率先して真ん中に位置することで、ほかの人も続いて並ぶことができます。それを考えると、**真ん中に写る人は空気を読み、ルールに従う人である**ことが理解できるのではないでしょうか。

そして、前列でピースをする人は、ひょうきんな人です。明るい性格ですが、モテる・モテないでいうと、残念ながらモテないタイプでしょう。**本当にモテる、美男・美女は前列でピースしたりせず、後列でほほえんでいることが多い**のではないでしょうか。

また、端にいる人は自由な人と前述しましたが、端から中央に顔を寄せるような形で写る人は、まわりにどう見られるかを強く意識して計算しているといわれます。

keyword

② パーソナルスペース

他人にそれ以上は踏み込まれたくない、自分のまわりの空間。心理的な縄張りともいえる。アメリカの文化人類学者エドワード・ホール氏は、パーソナルスペースを相手との関係で、次の4つに分類した。①密接距離／家族、恋人との距離。45センチ以内。②固体距離／友人同士の距離。45～120センチ。③社会距離／仕事相手など改まった場での距離。120～350センチ。④公衆距離／公式な場で対面するときの距離。

卒業アルバムから将来像が見える

写真をもとにした心理学の研究では、アメリカ・デポー大学のマシュー・ハーテンステイン③氏によるものも興味深いでしょう。ハーテンステイン氏は卒業アルバムに注目して、20〜80代まで、650人以上の卒業アルバムの写真を集めました。そして、卒業アルバムの写真の中で、どのくらい笑っているか、笑顔の度合いを点数化した上で、その人たちの現状を調査したのです。すると、**満面の笑みの人に比べて、あまり笑っていない人の離婚率が、なんと5倍にも達していた**のです。

この結果から考えると、昔に撮られた写真の表情だけで、その人の将来が明るいか暗いかが推測できるともいえるのです。

職場や学校などの環境が新しくなって、気になる人ができたとき、可能であればその人が写った集合写真や卒業アルバムを見せてもらいましょう。その写真をプロファイリングすれば、相手の意外な一面が見えてくるかもしれませんよ。

350センチ以上。

③ **マシュー・ハーテンステイン**
著書の中でハーテンステイン氏は、「童顔の被告人は、大人びた顔の被告人よりも裁判での量刑が軽くなる」「一般の人が知らない人の写真を見て、その印象から予測した性格はかなり当たる」といった調査結果も紹介している。

07

psychology

悪口で貶《おとし》められた人よりも悪口を言った人のほうが周囲にマイナス印象を与える

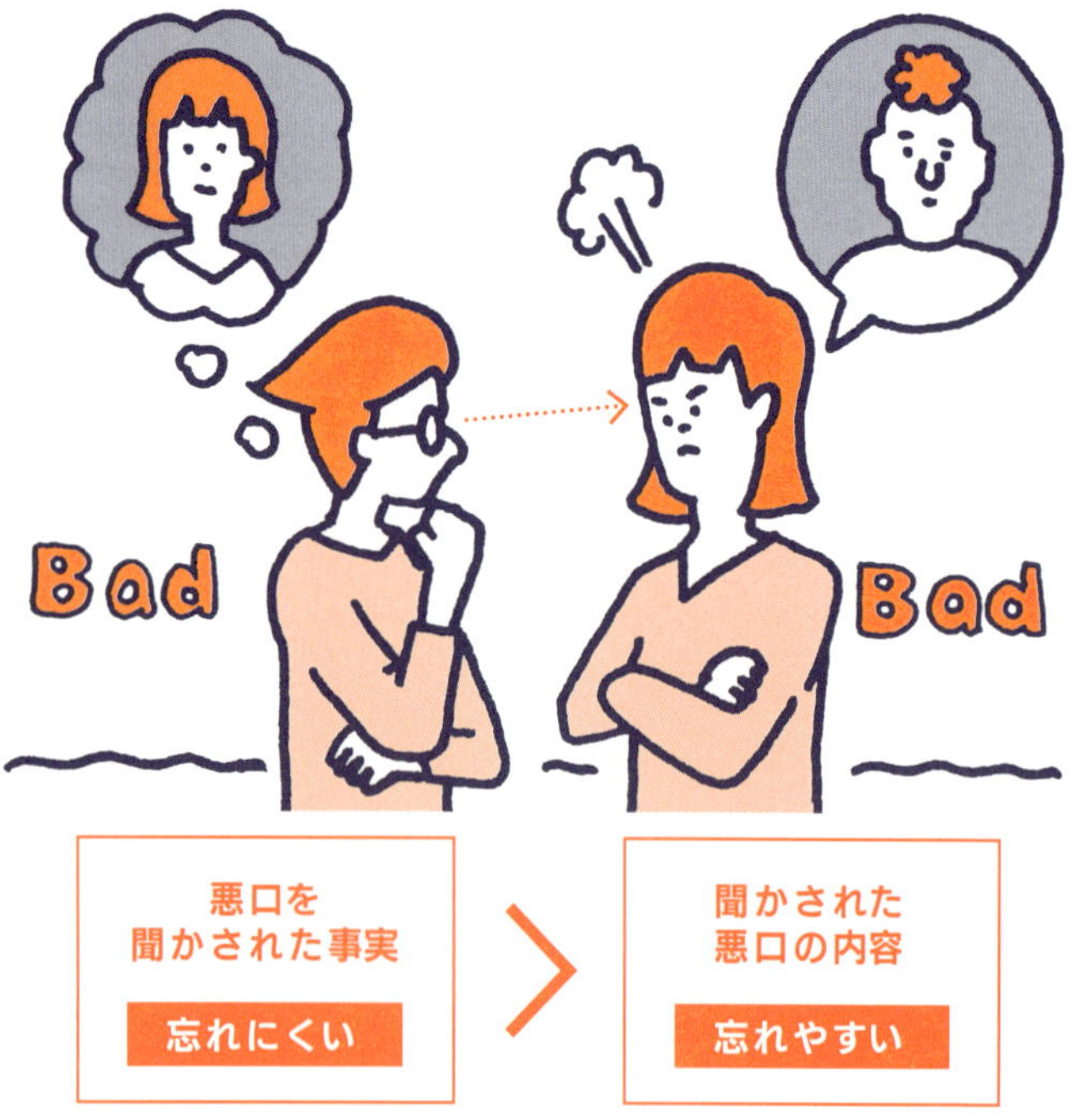

「悪口を言った」という事実は忘れられない

同僚や友人との人間関係がうまくいかず、思わず悪口を言ってしまったという人は多いでしょう。それを聞いた人は、あなたに共感してくれるかもしれません。

ですが、実はその人は、あなたに悪口を言われた同僚や友人よりも、悪口を言ったあなたに対してマイナスの印象を持ってしまうのです。

人は、〈聞かされた悪口の内容〉を忘れた場合でも、〈悪口を聞かされた事実〉は忘れないことが、心理学の研究であきらかになっています。

たとえば、人物Aが人物Bの評判を悪くしたいと思って、まわりの人たちに「Bはこんなに性格が悪い」というエピソードを、ことあるごとに伝えたとします。

ところが、まわりの人たちは、やがて**聞かされたBの悪いエピソードのことは忘れますが、Aが他人の悪口を言ったという事実は、なかなか忘れません。**

keyword

① イメージ

ここでは、印象という意味。心理学では印象についての研究も多く、アメリカの心理学者アルバート・メラビアン氏の「メラビアンの法則」も広く知られている。メラビアンの法則は、人と人とが直接対面してコミュニケーションをとる場合に、「言葉」「声のトーン」「ボディランゲージ」の3つの要素が使われるが、それぞれに意味やコミュニケーションに占める割合が違うというもの。たとえば、言葉では「君は正しいよ」と言いながらも、声のトーまわりの人たちには、「Aは他人の悪口を言う人」というイメージ(1)だけが長く残っていくのです。

悪口を言う行為はマイナスでしかない

悪口を言った人間のイメージが悪くなることを証明したものとして、アメリカ・オハイオ州立大学のジョン・スコウロンスキ博士による心理学の実験があります。

悪いうわさを広めることのマイナス面について研究するスコウロンスキ博士は、映像を使って実験を行いました。

スコウロンスキ博士は被験者たちに、あるビデオを見せます。その映像の中では、役者が自分の知人について話しています。役者=人物Cは、知り合いの人物Dについて「あいつは動物が嫌いで、買い物に行く途中で見かけた子犬を蹴飛ばしていた」というように、Dの悪い行いについて語ったのです。

その後、ビデオを見た被験者たちに感想を聞いたところ、「Dを嫌な人だと思った」という感想より、「Cを嫌な人だと思った」

keyword

ンは低く、ボディランゲージでは目を合わせなかったとする。このように言葉、声のトーン、ボディランゲージが一致せず矛盾した場合、受け手は言葉よりも、声のトーン、ボディランゲージからの印象のほうを優先するという。メラビアン氏によると、このように3要素が矛盾していたとき、それぞれが聞き手に影響を与える割合は、言葉の言語情報が7%、声のトーンなどの聴覚情報が38%、ボディランゲージなどの視覚情報が55%だという。

という感想のほうが、圧倒的に多いという結果が出ました。

Cが語ったDに関するエピソードは架空のものですが、**Dは罪もない子犬を蹴るようなヒドい人物として登場します。それなのに、Dの話を聞かされた被験者は、むしろDを悪く言ったCに対してマイナスの感情を持った**のです。

不合理な結果かもしれませんが、ここでは**自発的特徴変換（②）**と呼ばれる効果が働いています。Cが被験者たちに、第三者であるDのうわさ話をしたとき、Dのことを直接、知らない被験者たちは、無意識のうちにDをCに結びつけようとします。

つまり、**聞かされたDに関する事柄を、Cに重ね合わせてしまう**のです。そのため、被験者たちはCに悪い印象を持ってしまったのです。

こうした研究結果から考えても、悪口は言われた側より言った側のほうにダメージを与えるということがわかりますよね。

あなたのまわりにも、いつも他人の悪口を言うような人はいませんか。そんな人は、**知らない間にどんどん自分の印象を悪くしている哀れな人だと思って、放っておくのがベター**でしょう。

---

② 自発的特徴変換

聞き手が聞かされた第三者の特徴を、話し手と結びつけること。悪いうわさを話すことで、話し手がマイナスの印象を持たれてしまう。しかし、この自発的特徴変換をうまく使うことで自分にプラスの印象を持たせることもできる。たとえば友人に、その友人が知らない同僚のことを「彼はこんなに優しい人で……」と話すと、友人の中で「優しい同僚」というイメージが話し手と結びつき、話し手の印象がよいものになる。

08

psychology

失敗を学ぶ人と学ばない人は、そもそも脳波が異なる

「失敗は成功のもと」は万人に通じない

「失敗は成功のもと」ということわざがあります。

何かに挑戦するときに失敗しても、失敗した経験から何が悪かったのかを学び、悪かった点を改善することで成功する、という意味合いです。実際に世の中の成功者といわれる人たちのエピソードを聞くと、過去に挫折①や失敗の経験があり、そこから立ち直って成功した人が多いようです。

ですが、**全員が失敗から学ぶことができるわけではありません。**

前述のように、失敗から学ぶ人にとって、失敗は悪いことではありません。ですが、**失敗から学ばない人にとって、失敗は失敗でしかなく、しかも何度も同じ失敗を繰り返してしまいがち。**

失敗から学ぶ人と学ばない人は、いったい何が違うのでしょうか？ それは、脳波②なのです。

この脳波の違いをあきらかにしたのは、アメリカ・ミシガン州立大学の心理学者ジェイソン・S・モーザー氏、ハンス・S・シュローダー氏らが行った実験です。

keyword

① 挫折
仕事や勉強、スポーツ、恋愛などにおいて、大きく失敗し、それがダメージになること。失敗によって意欲や気力をなくすこと。

② 脳波
脳で生じる電気活動。脳波を調べることによって、機能障害の有無などもわかる。脳波は周波数によって、デルタ波、シータ波、アルファ波、ベータ波に分類される。このうち、デルタ波とシータ波はアルファ波より周波数が低いことから、「徐波

まず、**被験者③**が見ている画面に、横に並んだ5つのアルファベットを映します。そして、いくつかのパターンの文字を見せる中で、真ん中の文字が同じかどうかを見極めてもらうという簡単な課題を被験者に与えます。たとえば、「B、R、F、D、G」の次が「B、D、F、O、C」ならFとFで同じですが、「B、R、E、C、G」ならFとEで同じではありません。

このように課題はごく簡単なものなので、はじめのうちは被験者のほとんどは失敗しません。ですが、繰り返し行っていくと、時々失敗することも。そして課題は単純なため、被験者は自分のミスにすぐ気がつきます。

失敗から学ぶ人の脳は注意深い

この実験では、被験者が課題に失敗したとき、被験者の脳波を測定しました。すると、「自分が失敗したことに気づいた反応の脳波」と「失敗を修正しようとする反応の脳波」という2つの脳波成分が観察できたのです。

keyword

(slow wave)」と呼ばれる。アルファ波より周波数が高いベータ波は、「速波(fast wave)」と呼ばれる。脳波の状態は一定ではなく、脳の状態によって変わる。たとえば、リラックスしているときにはアルファ波が出るが、数学の問題を計算しているときなどは、アルファ波が消えてベータ波が見られる。徐波は小児には多いが、大人にはほとんど出現しない。

さらに課題後、被験者に「あなたは、失敗から何かを学ぼうとしますか？」という質問をします。すると、「自分は失敗から学ぶ」と答えた被験者は、「失敗から学ばない」と答えた被験者よりも、失敗したあとの成績がよいという結果になりました。

そして、**「失敗から学ぶ」と答えた被験者は、「失敗から学ばない」と答えた被験者よりも、失敗を修正しようとする反応の脳波が大きく表れた**のです。つまり、「失敗から学ぶ」と自覚する人のほうが、実際に課題の成績がよく、その背景には脳波が出るという裏づけがあったのです。

この失敗を修正しようとする反応の脳波は、0・25秒以内という非常に短い時間で生じます。これは自動的な反応であり、**失敗から学ぶ人の脳は、同じ失敗を繰り返さないように自動的に注意深くなる**と考えられます。

「うまい話にダマされてお金を失った人が、また同じような詐欺に引っかかった」「ダメ男にヒドい目に遭わされたのに、また似たようなタイプのダメ男を好きになった」という人たちは、残念ながら、失敗を修正しようとする脳波が出ていないのですね。

③ 被験者

実験や試験の対象となる人のこと。心理学の実験においては、被験者にすべての情報を与えないこともある。たとえば、被験者が誰かと一緒にクイズに答えるとき、被験者以外はいわゆる〈サクラ〉の場合もある。普段なら間違いようがない簡単な質問を、被験者以外のサクラたちが、わざと間違えて回答すると、それに影響されて被験者も間違えることがある。こうした心の動きを確かめたいときは、被験者に本当のことを教えない。

09

psychology

美男美女は
うつ病になりやすい

うつ病 ← 期待どおりにならない ← 周りの期待に応えたい

美男美女は普通以上に努力しないといけない

「心の風邪」と呼ばれることもある、**うつ病①**。

つまり、それだけ誰でもかかりうる病気なのですが、それでも**うつ病になりやすい人には傾向があります。その傾向の1つとして挙げられるのが、意外にも「美男美女である」こと。**ルックスがいいと、モテるがゆえ悩みなどもないだろうと想像しがちですが、実は損をすることも多いのです。

美男美女は普通の人以上に努力しないと、他人からその行動を評価されない場合がよくあります。たとえば、コミュニケーションを円滑にするために冗談を言っても、容姿がユニークな人のほうが「おもしろい人」という印象を与えやすいもの。つまり、普通の人以上におもしろいことを言わないと、美男美女は「おもしろい人」と思ってもらえないのです。

美男美女が努力しないと評価されないのは、それだけ周囲から期待されているということの裏返し。なので、美男美女が失敗したときには、普通の人以上にガッカリされてしまいます。

keyword

①うつ病

心と体に対するストレスが重なることから、脳に機能障害が起きる状態のこと。否定的に物事を見るようになり、「自分は何をやってもダメな人間だ」と、自分自身のことも否定するようになる。日本では100人のうち、3〜7人がうつ病にかかったことがあるという調査結果もある。厚生労働省が3年ごとに行っている調査でも、うつ病の患者が近年、急増しているというデータが見られる。

そういう意味では、平均的なルックスの人のほうが生きやすいといえそうですね。美男美女、もしくはその逆といった〈外れ値②〉であることは、ストレス③の原因となるのです。

周囲から過度に期待されてしまう宿命

ルックスのいい人ほどかかりやすいといわれる病気として、身体醜形障害《しんたいしゅうけいしょうがい》④もあります。身体醜形障害とは、容姿に問題がなくても「自分の外見はとても醜い」と思い込み、苦しむ心の病。うつ病と並んで増加傾向にあるといわれています。

身体醜形障害に関する著書もある精神科医の鍋田《なべた》恭孝《やすたか》氏によると、身体醜形障害の患者で客観的に見て容姿に問題がある人はきわめてまれで、むしろ美男美女のほうが多いといいます。

また、完璧主義、負けず嫌い、頑固、自分が納得できないと我慢できない。以上のような性格の人も、身体醜形障害になりやす

keyword

② 外れ値
あるものを測定したときに、ほかの測定値から大きくかけ離れた値を指す統計学の用語。

③ ストレス
外部からの刺激によって、心と体に負荷がかかってゆがみが生じた状態のこと。体調を崩したり、不安定な気持ちになって無気力に陥る〈悪いストレス〉が、世間一般でいわれるストレスだが、適度な緊張感でやる気を起こしてくれる〈よいストレス〉もある。

いといわれます。子どものころに「かわいい、かわいい」と過剰に評価された人も、身体醜形障害になりやすいそうです。

そういう点から、**美男美女は小さいころから「かわいい」と言われて育ち、周囲からの期待が高く、自分でも完璧を求めるようになる傾向があり、身体醜形障害を患う場合が多い**ようです。

被験者にさまざまな人物の写真を見せたところ、美男美女ほど性格がよく、能力も高いと判断されることがわかった実験もあります。ルックスがいいだけでよく見られるわけですが、裏を返せば、美男美女は「スタイルがいいから、スポーツも万能なはず」「カッコよくて、いかにも仕事ができそう」などと、勝手に期待されてしまうわけです。

そんな**美男美女は、自分自身の振る舞いがまわりからどう見られるのか気を使い、理想と現実のギャップに悩み、ストレスを感じて心にダメージを負ってしまう**のです。

誰だって、悩みの1つや2つは必ずあるもの。美男美女だからといって、「どうせ、悩みなんかないだろう」とひがむのは、やめたほうがいいでしょう。

④ 身体醜形障害

自分の見た目に対して、過度のコンプレックスを持ってしまう精神疾患。近年、急増している現代病の一種。醜形恐怖症ともいう。英語の「Body Dysmorphic Disorder」を略して「BDD」と呼ばれることもある。身体醜形障害になった人は、「鏡をひんぱんに見る。もしくは、逆に鏡を過剰に避ける」「帽子やサングラスで顔を隠す」「美容整形を繰り返す」「人と接する公の場に出ることを避ける」などといった強迫行為に駆られるようになる。

10

psychology

女性は男性にだけ協力的になる

相手が男か女かで、行動が変わる

同性に嫌われる女性の特徴として「男性の前ではいい子ぶる」というものがあります。そうした女性の傾向は、心理学的に実証されています。

オランダ・アムステルダム自由大学のダニエル・バリエット氏は、社会科学の研究でよく使われる「囚人ジレンマゲーム（①）」で、この傾向を発見しました。

バリエット氏の実験に参加した被験者には、ある事件を起こしたふたりの容疑者のうちのひとり、という役割を与えられます。そして、被験者AとBの両方が黙秘すると、どちらも1年の刑。AとBの両方が自白すると、どちらも3年の刑。片方が自白し、片方が黙秘すると、自白したほうは5カ月の刑、黙秘したほうは5年の刑。以上のような状況が設定されました。

実験の結果、容疑者が男女混合であった場合、女性の被験者は協力的になって男性被験者よりも黙秘する

囚人ジレンマゲーム

相手が女だと…　　相手が男だと…

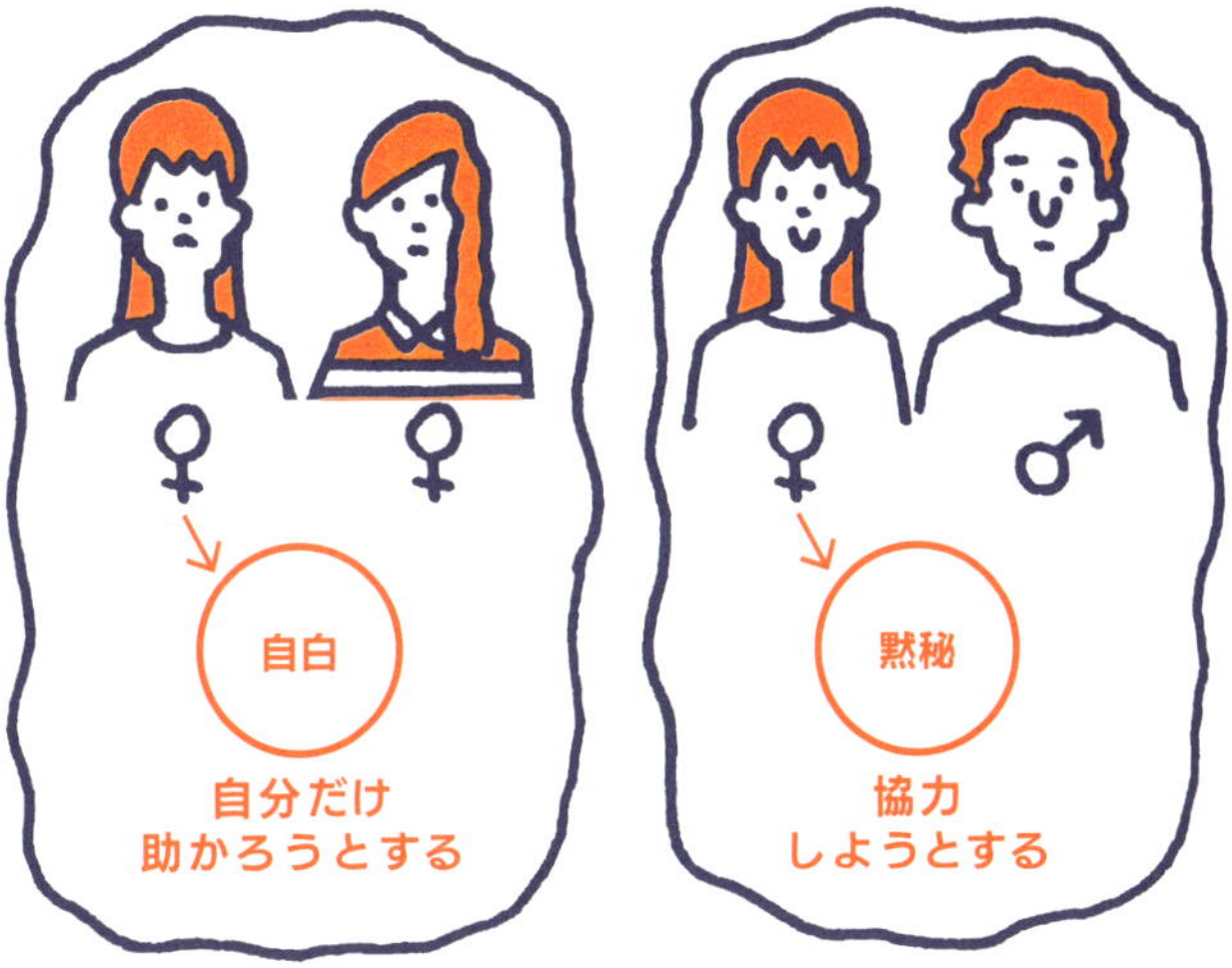

傾向があったのですが、**容疑者が女性だけだった場合、女性は自分だけが助かろうと自白する**、という結果になったのです。

会社や地域のコミュニティでも、女性ばかりが集まると人間関係が複雑になる、というのもうなずけますね。

keyword

① 囚人ジレンマゲーム

アメリカ・ランド研究所のメリル・フラッド氏とメルビン・ドレシャー氏が考案し、顧問のアルバート・タッカー氏が定式化したもの。被験者のふたりには容疑者としての役割が与えられる。別々に「自白すれば罪を軽くする」と持ちかけ、自白と黙秘のどちらを選ぶかに注目する。

column 02

話し相手がすり替わると、気がつくかどうか？

人間の視覚認識はかなり、いい加減!?

実験

実験内容

1

ハーバード大学の心理学者サイモン氏による実験。実験者Aが被験者に道をたずねる。このとき、実験者Aは目的地を記した地図を見せ、被験者が地図に注視するよう仕向ける。

2

被験者が道の説明を始めたところで、作業員に扮した実験者Bが大きな看板を持って、ふたりの間を遮るように通り過ぎる。その際、被験者から実験者Aが見えないようにする。

3

この間、実験者Aは別の実験者Cと入れ替わる。入れ替わった実験者Cは、そのまま道順の説明を受ける。被験者が、話し相手が入れ替わったことに気づくかどうかを調べた。

解説

34ページでは、「人間は視覚情報の影響を受けやすいという実験内容でした。類似して、今回は「意識して見ないと、見落とすかどうか」をはかる実験です。

結果

多くの被験者が、服の色や体格に大きな変化がない限り、相手がすり替わったことに気がつきませんでした。加えて、すり替える人物の外見を、最初に道をたずねてきた人物に似せなくても、被験者の多くがすり替えに気づきませんでした。道を案内する際、被験者は地図しか視界に入っていないことがわかったのです。

考察

人間の脳は情報の80％を視覚から得て、視覚を絶対のものと思い込みます。ですが、意識して見ないと頭の中に入ってこなかったり、目の前の変化に気づかなかったりしますよね。そんな現象のことを、心理学で「チェンジ・ブラインドネス」といいます。この実験では、被験者は地図を注視していたため、実験者の顔に意識が向かず、変化にも気がつかなかったのですね。

関連実験 ゴリラにも気づかず!?

「見えないゴリラ」と呼ばれるユニークな実験があります。

被験者に、バスケットボールのパス回しの映像を見てもらいました。白い服を着た3人と黒い服を着た3人が、同じ色の服を着た者同士でパスをします。被験者は、白い服を着た人たちのパスの回数を数えます。途中、着ぐるみのゴリラがパスを回しているそばを通り過ぎるのですが、多くの被験者がその存在に気づきませんでした。1つのことに集中すると、目立つものでも見落としてしまうのですね。

11

psychology

話が盛り上がっている最中でも食事を提案する女性は結婚に向いている

「食事にでも行きませんか？」が言えるか？

人間の性格は普段の日常的な行動に表れるものですが、女性と話し合いをしているとき、彼女がどう振る舞うかによって結婚に向いているかどうかが判断できるのです。

まず、「話が盛り上がっているところで、食事を提案できる女性」は結婚に向いています。

議論が白熱すると、男性は話をやめることができない傾向がありますが、そこで**上手に話を中断させ、「食事にでも行きませんか？」と提案できる女性は、トラブルをうまく回避する能力がある**といえます。

あるアメリカの倒産寸前の企業で、話し合いが行われていました。話し合いが白熱する最中、女性社員がランチを提案したため、議論をいったん止めました。食事後、話し合いを再開したら、うまくまとまり、会社を存続させることが決まったといいます。

アメリカでは、インテリジェンス（知能）を**ハードインテリジェンス①**と、**ソフトインテリジェンス②**に分ける考え方が主

keyword

①ハードインテリジェンス
主張を理論的に構成するために必要な知性・知能。問題を分析したり、議論で相手を論破したり、1つの主張を一貫して押し通すような力がある。男性はハードインテリジェンスの面ですぐれた人が多いといわれている。

②ソフトインテリジェンス
論理的なハードインテリジェンスに対して、細やかな気遣いなどで共感関係を構築する知性・知能。結論を先送りに

流となっています。ハードインテリジェンスは、相手を論破するような知能で、主にビジネスシーンで必要とされるもの。**ソフトインテリジェンスは人間関係を円滑にする知能で、いってみれば、よい結婚生活を築くために欠かせないもの**です。

ソフトインテリジェンスには、具体的に3つの力があります。**「結論を先送りにする力」「話題を途中で変えても平気な力」「いったん、引き下がって策を練る力」**です。前述の議論の途中で女性が行った食事の提案も、まさにこのソフトインテリジェンスです。

矛盾が気にならない性格が結婚生活には必要

話し合いにおける振る舞いでは、こういう例もあります。

真剣な話題の最中に、相手の歯に青のりがついていることに気づきました。このとき、青のりを指摘する女性と指摘しない女性、どちらが結婚に向いているでしょうか？

この場合、青のりを指摘しない女性のほうが、結婚に向いています。**〈真剣な話し合い〉という真面目な要素と、〈歯に青のりが**

keyword

したり、話題を変えたり、あえていったん引き下がったりする。一般的に、ビジネスシーンよりも家庭生活やプライベートにおいて役立つ力とされる。女性はソフトインテリジェンスの面ですぐれた人が多いといわれている。

③ 矛盾

2つの事柄のつじつまが合わないこと。たとえば、「お酒をたくさん飲みたい」と「体によくないからお酒は飲み過ぎないようにしたい」という2つの気持ちが、同時に心の中にある場

ついている〉という笑える要素が重なり合う、矛盾した状況なわけですが、その矛盾が気になる女性は、結婚が長続きしません。

アメリカの心理学者アトキンソン氏が、矛盾（③）について調査しました。ある太った医師が、ダイエットについて解説している映像があります。これは、「太っている人物がやせる方法を教える」という矛盾した状況の映像です。

この映像を見た被験者は、医師が太っていることが気になって解説が聞けないタイプと、医師が語るダイエットの解説を素直に聞くタイプに分かれました。アトキンソン氏の調査では、両者のうち後者、つまり**矛盾を気にしないタイプのほうが、結婚生活がうまくいっている**という結果が出たのです。

他人だったふたりが夫婦となって暮らす結婚生活には、さまざまな矛盾があります。そこで、**いちいち「納得がいかない」と突き詰めて考えてしまう人は、残念ながら結婚には向いていません。**

前述のソフトインテリジェンスには、結論を先送りにする効果もあります。あえて矛盾を気にせず結論を先送りにすることも、結婚生活には必要なのではないでしょうか。

合など。思いや行動に矛盾があると、人の心には不協和が生まれる。不協和があって落ち着かなくなり、不愉快な状態を「認知的不協和」と呼ぶ。人は認知的不協和から逃れようとし、前述の例でお酒をやめられない場合は、「お酒をたくさん飲んでも長生きした人がいる」などと考えて、矛盾を解消しようとする。

12

psychology

「ルックスがいい人はIQが高い」は実証されている

外見と知性は関連している

人の見た目は頭のよさに、どのような影響を与えるのでしょうか。興味深いけれど、同時に非常にデリケートでもある、この問題に踏み込んだ調査があります。

これまで、ノーベル賞受賞者や国家元首を多数、輩出しているイギリスのロンドン・スクール・オブ・エコノミクス①で、進化心理学を研究するサトシ・カナザワ②博士は、「**ルックスのよし悪しと、知性には強い関係性がある**」と提唱しています。

カナザワ博士の主張のもととなっているのは、イギリス生まれの1万7419人の男女を対象にした調査です。「National Child Development Study③（全英児童発達研究）」と呼ばれるもので、1958年から行われている大規模プロジェクトです。

研究の中で、被験者が子どもから大人になるまでの過程で、学力や知性の向上と、外見のよし悪しがどのように関連しているのかを調査したところ、驚愕の事実があきらかになりました。

なんと、**ルックスがいい人は、IQが平均より14ポイントも**

keyword

① ロンドン・スクール・オブ・エコノミクス
経済学、社会学などの社会科学系に特化した名門校。経済学に関しては、オックスフォードやケンブリッジを上回る業績を誇る。元アメリカ大統領のジョン・F・ケネディや投資家ジョージ・ソロス、経済学者トマ・ピケティなどを輩出した。

② サトシ・カナザワ
ロンドン・スクール・オブ・エコノミクスの准教授。専門は進化心理学。『ニューヨーク・タイムズ』や『ワシン

高かったのです。さらに、カナザワ博士は女性よりも男性のほうが、外見と知性の関連性が強いという説も唱えています。

同研究のデータでは、ルックスのよい男性は、普通のルックスの男性より平均してIQが13・6ポイント高く、女性の場合は11・4ポイント高かったそうです。

以上より、**女性より男性のほうが、ルックスのいい人と普通の人とのIQに大きな差がある**ことがわかります。

ルックスも頭のよさも、子どもに受け継がれる

カナザワ博士は「**社会階級**④」や体格、健康状態が、美貌と知性に影響をおよぼすこともある」とも述べています。つまり、**恵まれた生活が、ルックスと知性にいい影響を与える**可能性があるということでしょう。

イギリスは階級がはっきり分かれた社会ですが、カナザワ博士の社会的地位に関する調査では、中流階級の女性は労働階級の女性よりIQが高いという結果が見られました。社会階級が上とな

keyword

トン・ポスト』で研究をとり上げられることもある。「黒人女性は白人、アジア系、ネイティブアメリカンの女性と比べて、科学的に魅力的でないことが示された」という調査結果を発表し、強く批判されたこともある。

③ National Child Development Study

この研究の中では同じ被験者に対し、3つの年代において11の認知テストを行う調査も行っている。カナザワ博士は、その調査データから「IQが高くなる

る**中流階級の女性は、労働階級の女性に比べると健康状態がよく、そのことでより美しく、より賢くなれた**のでしょう。

さらに、カナザワ博士によれば、ルックスのいい人は同じようにルックスがよく、なおかつ頭もいい人を恋人や結婚相手に選ぶ割合が高いといいます。

美男美女が結婚すれば外見は遺伝するので、当然、ふたりの子どもの外見も恵まれたものになります。そして、引き継がれるのはルックスだけではありません。両親が高学歴な家庭は教育熱心になりますから、子どもの成績にもよい影響が出ます。

実際、日本の文部科学省の調査では、**親の年収と学歴が高いほど、子どもの成績がいい**ということがあきらかになっています。そういう意味では、外見だけでなく、頭のよさも親から大きな影響を受けるわけです。

見た目がいい人はルックスがよくて頭もいい人と結婚し、そんなふたりから生まれた子は、ルックスも成績もよくなる。ルックスと頭がいい人と、そうでない人の差は、これからもどんどん広がっていくという残酷な未来が待っているのかもしれません。

と、政治や宗教に対して保守的ではなくリベラルになる傾向が見られる」という持論の裏づけをとろうとしている。

④ 社会階級

イギリス社会は上流階級、中流階級、労働者階級に分けられる。中流階級がさらに上層、中層、下層の3つに分けられることもある。職業や教育が階級を線引きするポイントになるが、住居や話し方、日常の作法などの生活様式や娯楽の種類も階級によって違う。

13

psychology

「今まで付き合った人数」を男性は3倍、女性は1/3で自己申告する

「まわりからよく見られる」ためのウソ

友人・知人と打ち解けていくと、会話の中で、今までの恋愛経験が話題になることもあるでしょう。

新しい恋人と出会うことが目的の合コンの場などでは、相手にどの程度、恋愛経験があるのか知りたいということもあって、今まで付き合った彼氏や彼女の人数が話題になりやすいのではないでしょうか。

あなたは、こういう話題になったとき、正直に答えますか？

人数が少ないとモテないと思われそうだし、逆に付き合った人数が2ケタや3ケタだと、まわりから引かれてしまいそうです。

年齢＝彼氏彼女がいない歴の人は、それが**コンプレックス**（①）で、初対面の人などには話しづらいこともあるでしょう。

こういう質問に対する回答は、次の4パターンに分かれるのではないでしょうか。

①正直に答える、②多めに答える、③少なめに答える、④はぐらかして答えない。

keyword

① コンプレックス

日本では一般的に、劣等感という意味で使われることが多いが、心理学や精神医学では複数の感情がまとまった「感情複合、複合観念」の意味で使われる。

② 遺伝疫学

日本疫学会によると、疫学の定義は「人間集団の中に出現する健康関連のいろいろな事象の頻度と分布およびそれらに影響を与える要因をあきらかにして、健康関連の諸問題に対する有効な対策樹立に役立てるための科学」。

どの答えを選ぶかは、個人のスタンスにもよると思いますが、実は、男女それぞれ、ある傾向が見られるのです。

男は見栄を張り、女はひかえめになる

ロンドン大学キングス・カレッジの**遺伝疫学②**教授である**ティム・スペクター③**氏は、**エピジェネティクス④**と呼ばれる遺伝子研究をリードする人物ですが、一方で、「付き合った人数をどう語るか」という問題にも自説を持っているのです。

スペクター氏によれば、**男性は恋愛経験を、実際よりも3倍に増やして語る傾向がある**そうです。

つまり、これまでの人生で3人の女性と交際した経験がある男性は、「今まで何人の女性と付き合ったか」と聞かれたとき、「9人」と答える可能性が高いのです。

一方、**女性が同様の質問をされたときには、恋愛経験を3分の1に減らして語る傾向がある**そうです。

つまり、これまでの人生で彼氏が3人いる女性の場合は、「今

keyword

……社会で猛威を振るう病気を防ぐなどの役割がある。遺伝疫学は遺伝疾性患を対象とする。

③ティム・スペクター
遺伝疫学の権威。ロンドン大学で教授を務めるだけでなく、ガイズ・アンド・セントトーマス病院で名誉顧問、同病院の双子児研究所の所長も務め、双子に関する世界最大規模の研究を指揮している。

まで付き合ったことのある男性はひとり」と減らして、答えることになります。

男女でこのような違いが生まれる理由は、男女とも「まわりによく見られたい」と考えるから。

ただし、**男性の場合は「この人はモテる」と思われたいがために、見栄④を張って人数を増やす**のに対して、**女性の場合は「たくさんの男性と交際していたと知られると、軽い女に見られてしまうかもしれない」と考えて、人数をひかえめにして語る**のではないかといわれます。

いずれにせよ、男性も女性も、これまで付き合った恋人の数を正直に言わないことが多いようです。

知人と話していて、こうした話題になったときは「男性は自己申告した過去の恋人の人数÷3＝本当の人数」、「女性は自己申告した過去の恋人の人数×3＝本当の人数」という方程式を、使ってみましょう。

心の中でこっそり計算して、「本当の人数はこうじゃないかな」と考えると、相手の違った一面が見えてくるかもしれませんよ。

④ エピジェネティクス
遺伝子を制御・伝達するシステムと、その学術分野のこと。がん研究にも関係している。

⑤ 見栄
他人と自分を比べて劣等感を覚えたとき、人は見栄を張ることが多い。スタンフォード大学の研究では、幸福度が高い人ほど他人と自分を比べないことがあきらかになっている。

14

psychology

人間は耳から入る情報と矛盾しない行動をとる

情報によって考え方はあっさり変わる

五感（①）という言葉があるとおり、人間は5種類の情報を外界から得ています。目から得る視覚情報、耳から得る聴覚情報、皮膚から得る触覚情報、舌から得る味覚情報、鼻から得る嗅覚情報です。

どの情報も人間にとって重要なものですが、**耳から得る聴覚情報が、人間の行動や考え方に大きな影響を与える**ことが、実験によってわかっています。

たとえば、ひたすらグチを聞かされた人間はどうなってしまうのでしょうか？　**100人村実験（②）**と呼ばれる心理学の実験があります。100〜200人ほどの規模の村をつくり、そこで人々がどのように行動するかを観察し、分析する実験です。

この100人村で、前述の「ひたすらグチを聞かされる」という状況をつくり出しました。村民たちに「この村は不景気だ」という情報を聞かせたのです。1回だけでなく、繰り返し何度も何度も「この村は不景気だ」という情報を聞かせ続けます。

keyword

① 五感

目で感じる視覚、耳で感じる聴覚、鼻で感じる嗅覚、舌で感じる味覚、皮膚で感じる触覚という5つの感覚。五感は胎児の時点で、すでにその原型が形成され、最初に発達するのは触覚である。母親に抱かれることの多い赤ん坊にとって、触覚は非常に重要なのである。本文で紹介したように、聴覚情報に人間の行動は大きく影響されるが、外界からの情報のうち83％を視覚、11％を聴覚、3.5％を嗅覚、1.5％を触覚、1.0％を味覚から得ているといすると、やがて村民たちは、買い物をひかえるようになったのです。精神的にも、本当に不景気のときのように気分が落ち込み、村中に暗い空気が漂いました。

つまり、**耳から入ってきた「不景気」という情報と矛盾しない行動を、人々は自然にとるようになった**のです。

これは耳から入ってきた情報が、悪い方向に作用してしまった例ですが、逆に**明るい情報を聞き続けたら、明るい精神状態になる**といえるでしょう。

これを子育てや部下育成に当てはめれば、「やっぱりあなたには無理だね」とネガティブに伝えるのではなく、「あなたなら大丈夫だよ」と、ポジティブに伝えることが大事なのです。

↓考え方を変えて心の折り合いをつける

矛盾した情報を得てしまったときの状態として、**認識的不協和**(3)というものがあります。

たとえば、「将来のためにお金を貯めたい」と「自分の趣味のた

keyword

われる(視覚87%、聴覚7%、嗅覚3・5%、触覚1・5%、味覚1・0%という説も)。

(2) **100人村実験**
ミニチュア実験とも呼ぶ。その名前どおり、小さな村を人工的につくり出して、人々の行動を観察する。

(3) **認識的不協和**
アメリカの心理学者レオン・フェスティンガー氏が提唱した。喫煙者が同時に抱える「私はタバコを吸う」「吸うと肺がんになりやすい」と

めにお金を使いたい」という願望は矛盾するものですが、同時にひとりの人間が持ちうるものでもあります。こうした**矛盾する思いを同時に抱えたとき、その人の心の中で、不快感や緊張が起きます。**これを認識的不協和と呼びます。

認識的不協和は不快な状態なので、人はこの矛盾を解消しようとします。解消には、３つの方法が考えられます。

まず１つ目は、「自分の行動を変える」というもの。前述の例だと、趣味をあきらめる、もしくはひかえてお金を貯めるという行動に出るのです。

２つ目は、「自分の意見を変える」というもの。お金を貯めなくても大丈夫だと思い込むことで、考え方を変えるのです。

３つ目は、「新しい認知要素を加える」というもの。この例だと、趣味が人生にもたらすよい点を見つけて、そのことで満足するというようなものになるでしょう。

いずれにせよ、**人は矛盾した情報をそのままにせず、行動や考え方を変えます。その際にいいほうに変えるか、悪いほうに変えるかは、その人次第**なのです。

いう意識の矛盾が、わかりやすい例として挙げられることが多い。この例での不協和を解消するための方法は、「私は禁煙する」という行動を変えるものがある。「禁煙」と「吸うと肺がんになりやすい」は矛盾しないため不協和は解消される。禁煙できない場合は、「タバコと肺がんに因果関係はない」というような新しい考え方をとり入れる。「タバコと肺がんに因果関係はない」は「私はタバコを吸う」と矛盾しないので、この方法でも不協和は解消される。

15

psychology

小学校時代の勝ち負けの記憶が鮮明な人ほど将来、成功している

小学校時代の経験が人生を変える

過去の経験は、その後の人生にどのくらい影響を与えるのでしょうか？

アメリカ・ハーバード大学が企業家1000人を調査したところ、「小学校時代の勝ち負けの記憶が鮮明な人ほど将来、成功している」という傾向があきらかになりました。

ここで重要なのは「勝ち負け」と、負けたことも含めた記憶である点。**成功体験も重要ですが、負けて感じた敗北感や屈辱も、のちの成功に役立っている**ことが、ここからうかがえます。

また、同じくハーバード大学が75年間にわたって行ったGrant Study（①）という研究によると、**家事を手伝う習慣があった子どもは、成長して社会に出てからは、自主性を持ちながら仲間と協力して仕事ができる**という傾向が強くなるそうです。

小さいころの手伝いの習慣が、周囲と協力するという精神性を育てたといえるでしょう。

幼いころをどのように過ごしてきたかという経験や習慣は、私たちが考える以上に、その後の人生に大きな影響を与えているようです。

keyword

① Grant Study

ハーバード大学在籍の268人の男性を対象に、卒業後も毎年、健康診断と心理テストを行い、仕事や結婚、老後を調査。幼年〜成長期における母親との関係が将来の成功に影響を与えることや、母親との関係がよくなかった男性は認知症になる可能性が高いことも報告されている。

column 03

人間の欲求と距離感は深く関連している！

欲しいものは近くに見える!?

実験

実験内容

1

まず、被験者の半数に水を飲ませる。もう半数には、塩気の多いプレッツェルを食べさせ、被験者が水を飲みたいと感じるように仕向ける。

2

被験者から離れたところに、水の入ったボトルを置く。被験者には目視で、自身から水がどれくらい離れているように見えるかを答えてもらう。

3

別の実験として、床に置かれた0ドルと25ドルと書かれたカードに向かって、お手玉を投げさせる。被験者には25ドルのカードの上に落ちたら、25ドルもらえると伝える。

解説

欲しいものが目の前に現れたとき、人は正確に距離感をはかることができなくなるという仮説に基づいて行われました。人の欲求の引き出し方が巧妙な実験ですね。

結果

水を用いた実験では、事前にプレッツェルを食べた被験者は水を飲んだ被験者に比べて、水までの距離を近く見積もりました。また、お手玉を投げる実験では、25ドルと書かれたカードに向かって投げた場合、0ドルと書かれたカードに投げた場合と比べて、お手玉が手前に落ちることが多かったのです。

考察

欲求によって見えるものまで変わるなんて、人間は単純な生き物のように感じるかもしれませんが、生きるために必要な脳の働きだと研究者の間では考えられています。つまり、もうすぐ手に入る（手に入る距離にある）と錯覚することで、「もう少し、がんばろう」と思うことができるのです。人類が長い間、生きてきた中で身につけた特性ともいえますね。

関連実験
香りでも影響がある！

香りが人の行動に大きな影響を与えることを証明した実験があります。かすかにシトラスの香りを漂わせた部屋、無臭の部屋のそれぞれに被験者を入れます。その後、被験者を別室に移動させ、食べこぼしが起きやすいクッキーを出し、食べこぼしを掃除する回数を調べました。その結果、シトラスの香りがする部屋にいた被験者は、無臭の部屋にいた被験者より3倍以上掃除をすることがわかりました。かすかな香りでも行動が変化するほど人間は繊細な生き物なのです。

16

psychology

不満を具体的にたくさん言える人は立ち直りが早い

ふまん
忘れよう…
忘れよう…
何を
忘れるんだっけ…？

不満は忘れようとすればするほど思い出す

「不満がない」人なんていない

人は誰しも日々の生活の中で、多かれ少なかれ不満を感じているることでしょう。ただし、不満を感じても立ち直りが早い人と、いつまでも不満を引きずってしまう人、2種類のタイプに分けられます。

立ち直りが早い人は、「不満はありますか?」と聞かれたとき、不満を具体的にたくさん挙げられるという特徴があります。

たとえば、「家庭で感じている不満を書き出してください」と言われたとき、あなたは具体的に不満を書き出せるでしょうか?

ここで、不満を書き出せた人ほど、立ち直りが早いのです。不満を書き出せない人も、不満を感じていないわけではありません。ただ、**本当は不満を感じているのに、「不満がないと思う」習慣がついてしまっている**おそれがあります。

そして、**そういう人ほど、ある日突然、「離婚したい」「会社を辞める」などと、突拍子もないことを言い出す**という特徴があるのです。

keyword

① ダニエル・ウェグナー

心理学者。現在、ハーバード大学教授。組織の情報共有の方法として、「メンバー全員が同じことを知る」のではなく、「誰が何を知っているかを、みんなが知っている」ことが重要だとする「トランザクティブ・メモリー」なども提唱している。ウェグナー氏は、なかなか忘れられないネガティブな思考への対処法として、以下の8つの方法を提案している。①別のことに集中する、②ストレスを減らす、③いったん、思

忘れようとすればするほど思い出す

不満があるけれど不満はないと思う、忘れよう忘れようとすると、どういうことが起きるのでしょうか。それを解明した有名な実験があります。

1987年、アメリカの心理学者ダニエル・ウェグナー①氏が行ったものです。実験では、まず被験者を3グループに分けて、シロクマ②が映った約50分の映像を見せます。

映像を見終わったあと、第1グループには「シロクマのことを覚えておいてください」、第2グループには「シロクマのことは考えても考えなくてもいいです」、第3グループには「シロクマのことを考えてはダメです」と指示を出します。

1年後、シロクマの映像について被験者に聞いたところ、一番内容を覚えていたのは「シロクマのことを考えてはダメ」と言われた第3グループだったのです。

「考えないようにしようとすればするほど、忘れられなくなる」、この現象を心理学では、アイロニック・プロセス・セオリー③

keyword

考を棚上げする、④あえてネガティブな思考に意識を向ける、⑤アクセプタンス&コミットメント・セラピーと呼ばれる、新しい認知行動療法を行う、⑥瞑想する、⑦注意力を養う訓練を行う、⑧ネガティブな思考をとにかく書き出してみる。

② シロクマ

ウェグナー氏が見せたシロクマの映像は、シロクマの1日を追った50分程度のもの。シロクマが選ばれた理由は、心理学的にシロクマは何のシンボルでもといいます。日本語に訳すと「皮肉な考え方の理論」。**無理に不満を忘れようとすると、「何を忘れるんだっけ？」と、逆に脳が不満を思い出してしまい、イヤなことがなかなか消えない**……なんとも皮肉な現象です。

「イヤなことがなかなか忘れられない」という自覚があるなら、まだマシですが、**たいへんなのは「イヤなことを忘れたつもり」になって、不満がたまっている自覚のない人。**

そういう人は、不満を忘れたつもりで日々、やり過ごしても、脳の中ではずっと覚えている状態。そして、知らず知らずのうちに、どんどん不満がたまっていくわけですから危険です。**ふとしたことがきっかけで、不満が大爆発してしまうおそれがある**でしょう。

あなたのまわりで、叱られたときや友人とケンカしたとき、不満を心に押し込め、黙って帰ってしまうような人がいたら要注意。時間をとって不満を聞き出したり、グチを聞いてあげることが必要です。**忘れたいのに忘れられない状況を克服するためには、「忘れようとしないこと」が大事**なのです。

なく、イメージが固定されていないから。

③ アイロニック・プロセス・セオリー

忘れようとすればするほど思い出してしまい、忘れられないというような現象を説明する理論。忘れるためには思考を統制しようとすることが、かえって思考の活性化につながり、強く記憶されてしまうというもの。

17

psychology

大切に育てられた女性ほど ダメ男に引っかかりやすい

喜んで夫にこき使われる妻たち

昔の映画やドラマ、小説によくあるストーリーで、箱入り娘のお嬢さんが、悪い男に引っかかってしまうというものがあります。実は、この**「箱入り娘が悪い男に引っかかる」という状況は、心理学的にも裏づけされている**のです。

アメリカ・コロンビア大学の研究チームが、230組の夫婦を対象に、その夫婦関係を調査しました。すると、**妻が体調に問題を抱えているという夫婦には、夫が妻をこき使っている傾向がある**ことがわかりました。

それだけなら暴君のようなヒドい夫なのですが、この**夫たちは「優しい口調で妻にたくさんの仕事を押しつける」という特徴があった**のです。優しい態度で扱われ、仕事をすればほめられるので、妻は喜んで夫の言いつけを守ります。ですが、要はこき使われているのですから、妻の体には負担がかかり、結果、健康に悪影響を与えているわけです。

表面上は優しいため妻も問題に気づきにくいだけに、なおさら

keyword

① 自尊心

自己を肯定的に評価する感情。極端に自尊心が低い場合、なんらかの精神疾患である可能性がある。たとえば、うつ病の患者の多くは自尊心を喪失している場合が多い。自尊心は、心の健康を保つためにも必要なものである。自尊心を持っていると、長所と短所を含めて「自分はかけがえのない存在である」と感じ、自分には欠点があることを認めることもできる。つまり、高い自尊心を持つこと=尊大になっていばること、ではない。

厄介な夫ですが、こうした**ダメ男と結婚してしまう女性は、親から大事に育てられた箱入り娘が多い**ということも、調査によってあきらかになりました。

1回も親に叱られたことがなく、他人の悪意に接する機会がほとんどなかった。そういう女性は、ダメ男の持つ問題に気づきにくいのでしょう。

また、両親から大切に育てられた箱入り娘は勉強もできて、IQが高いことが多いのですが、**IQが高い女性ほど、風変わりな物や人を好む傾向もある**ようです。

一方、ダメ男は問題を抱えているので、女性に好かれることは少ないのですが、IQが高い箱入り娘は**「彼のよさがわかるのは私だけ」と、ある種の自尊心（①）がくすぐられることにも後押しされて、ダメ男にハマってしまう**のでしょう。

しっかりした女性ほどダメ男が好き

優しい顔で妻をこき使う夫のように、ダメ男には女性に依存（②）

keyword

② 依存
他人を頼ること。ギブ&テイクの人間関係においては、受けとるばかりの状態にある。相手に頼って生きるので、相手から支配され、自由を失うこともある。

③ 自立
他人の援助を受けず、他人から支配されず、自分で考えて判断し行動すること。「依存」の対義語である。

するタイプが少なくありません。一方、そういうダメ男に依存される女性は、育ちがよくてIQも高く、ちゃんと**自立**③できるような女性であることが多いようです。

そんな女性が、なぜダメ男に引っかかってしまうのかといえば、ここには**共依存**④の問題があるのでしょう。

たとえば、アルコール依存症の夫を世話する妻が、「自分がいないと、夫は生きていけない」という立場を手放すことができず、無意識のうちに夫が更生する道を妨げ、健全な生活をとり戻せなくなるというケースがあります。

この例では、**夫に依存されているはずの妻が、実は夫に依存している状態。こうした依存の形を、共依存といいます。**

「恋人がいつもダメ男」という女性もいますが、そういう人も、共依存である可能性があります。**「彼は私がいないとダメなの」という状況を望んでいる**のです。

コロンビア大学の調査でわかった、ダメ夫に優しくこき使われる妻も、中には共依存の場合があるかもしれません。自分で自分を傷つけないためにも、客観的に考えるようにしたいですね。

④ **共依存**

ふたりの人間関係において、両者がお互いに依存し合っている状態。妻が一方的に夫の世話をしている夫婦でも、妻が〈頼られる自分〉という立場を与えてくれる夫に依存し、共依存の状態になっているケースがある。夫婦や恋愛関係だけでなく、親子や友人関係においても共依存はありうる。似た単語として「相互依存」があるが、これは自立した人間同士が、より幸せになるために互いを必要とすることで、共依存とは別のものである。

18

psychology

ウソをつく人は「歩く」「行く」などの動詞と否定的な言葉をよく使う

話の内容ではなく、言葉からウソを見抜く

世の中には、ウソ（①）をつくことに、まったくためらいがない人もたくさんいます。そうした人たちのウソにダマされないよう、ウソを見抜く秘訣を身につけましょう。

アメリカ・テキサス大学の心理学者ジェームズ・ペンベイカー（②）氏らは、言語分析ソフト・LIWC（③）で、人々がウソをつくときに使う言葉を調査しました。

ペンベイカー氏の実験に参加した大学生たちは、自分の本来の意見とは関係なく、「人工妊娠中絶に賛成」「人工妊娠中絶に反対」の両方の立場から、真実味のある形で意見を述べるように指示されました。

つまり、本当は人工妊娠中絶に賛成である学生も反対の意見を述べ、人工妊娠中絶に反対である学生も賛成の意見を述べるので、被験者の全員がウソをつくことになります。

そして、被験者たちが語った言葉をLIWCで分析したところ、人がウソをつくとき、どういう言葉を使うのかがあきらかになっ

keyword

① ウソ

ウソを見抜くため、相手の表情や仕草に注目するのもよい。ウソをついている人の仕草は、「表情が固まる」「声が高くなる」「意味なく自分の体を触る」「速いスピードでうなずく」「姿勢が妙に正しくなる」「目を合わせようとしない」「すぐに話を始めようとする」といったものがあるといわれる。

② ジェームズ・ペンベイカー

アメリカの心理学者。言語に関するさまざまな研究を行い、「人は

たのです。

ウソをついているとき、使用回数が増える主な言葉は「憎む」「無価値」などの否定的な感情を示す単語、「歩く」「行く」などの動作を示す動詞でした。

逆に、使用回数が減った主な言葉は、「私は」「ぼくは」などの一人称単数の代名詞と、「それ以外」「○○を除いて」などの排他的な意味のある単語でした。

否定的な言葉を使うのは罪悪感の表れ

まず、「私は」「ぼくは」という一人称単数の代名詞が減る理由としては、無意識のうちに話者がウソから自分を切り離そうとしているためと考えられます。

「それ以外」「○○を除いて」などの排他的な意味の言葉が減るのは、ウソをつくことで、複雑になってしまう話を単純化しようとする気持ちの表れと考えられます。

同様に、「歩く」「行く」などの動作を示す動詞が増えるのも、

keyword

自信があるとき、目の前のことに集中し、自分自身のことは気にとめなくなるので、『私は』という代名詞を使うことが少なくなるということも主張している。「イヤな体験をしたときは、それを文章で書くことで感情が整理され、ストレスから解放される」とも言っている。

③ 言語分析ソフト・LIWC
ペンベイカー氏が開発したソフト。「LIWC」は「言語の照会と単語数の測定」という

話を単純化しようとするため。

そして、「憎む」「無価値」などの否定的な感情の言葉が増えるのは、ウソをつくことへの**罪悪感**④の表れと考えられます。

相手が語る話の内容から、ウソを言っているかどうかを見極めることも大事ですが、**相手がどういう言葉を使うか、逆にどういう言葉を使わないかに注目することで、ウソを見破ることもできる**のです。

ただし、ペンベイカー氏による実験結果から得られたウソを見抜くテクニックを、日本語にそのまま置き換えるのは難しい部分もあるでしょう。たとえば、もともと日本語は「私は」「ぼくは」といった主語を省略する特徴があります。つまり、「ウソをつくときは一人称の代名詞が減る」という点から見抜くのは、難しいかもしれません。

ですが、**「ウソをつく人は、ウソから自分を切り離そうとする」「罪悪感の表れで、否定的な感情の言葉が増える」「複雑になる話を単純化しようとする」**などの傾向を把握しておくことは、ウソを見抜くために十分、役立つはずです。

意味の「Linguistic Inquiry and Word Count」の略。文や話の中で使われている言葉を、さまざまなカテゴリーに分類することができる。

④ 罪悪感

「自分が悪い」という気持ちが芽生え、「罪を償わないといけない」と思うこと。「こうあるべき」という思い込みが原因になることが多い。

19

psychology

誕生日を祝ってもらった経験がある人ほど創造性が高い

ポジティブになると問題解決できる

誰にでも1年に1回は必ずやってくる誕生日。

実は心理学的にも、誕生日には重要な意味があります。学校の入学祝いや就職祝い、昇進祝い、結婚祝いなどとは違い、**誕生日を祝ってもらうということは、〈生きているだけで祝福してもらえる無条件のお祝い〉**といえます。

誕生日を祝われる人が、周囲から向けられる関心を「無条件の肯定的関心」といいます。**無条件に肯定してもらえることで、心に余裕が生まれ、それは新たなチャレンジのための力につながります。**

こうしたポジティブな心理状態は、人にクリエイティブな力を与えてくれます。

アメリカの心理学者バーバラ・フレドリクソン氏は、画びょうの入った箱とマッチ、ロウソクを準備して、**ポジティブな心理状態（①）**、ネガティブな心理状態、

ニュートラルな心理状態の被験者に「床にロウが落ちないように、ロウソクを壁にとりつけて」と**注文**(②)しました。すると一番、成績がよかったのは、ポジティブな状態の人でした。**ポジティブな感情が、クリエイティブな力をもたらす**ことの証しですね。

keyword

① ポジティブな心理状態
心理学者マーティン・セリグマン氏は「ポジティブな感情を持った状態だと、人間の創造力は高められる」と証明した。

② 注文
フレドリクソン氏の注文に対する解決法は、画びょうの箱を画びょうで壁にとりつけ、箱を受け皿にしてロウソクを立てるというものだった。

20

psychology

相手の地位が高いほど人は助けを求めなくなる

相手の地位によって行動が変わる

「藁《わら》にもすがる思い」という言葉がありますが、可能なら、藁よりも大木につかまりたいはず。ところが実際、人は困ったときに大木より藁を選ぶ傾向があるというのです。

イギリスの研究者ウィリアムズ氏らは、人が援助を求める行動と、相手の地位にどのような関係があるかを調査しました。実験の参加者は、パソコンに出題された問題を解きます。途中、パソコンが故障しますが、その際、被験者が実験の担当者に助けを求めるまでに、どのくらいの時間がかかるかを測定しました。なお、担当者はきちんとした身なりで「偉い人」と紹介された人と、ラフな身なりで「お手伝いさん」と紹介された人のふたりがいます。

実験の結果から、被験者は地位の高い担当者より、地位の低い担当者に援助を求めるまでの時間が短いこ

社会的インパクト理論

とがわかりました。

これは、**社会的インパクト理論（①）**から説明できますが、相手の地位が高いほど声をかけづらい、という心情が働くようです。**経験を重ねると威厳が出る反面、周囲から距離を置かれる**傾向があるので注意が必要ですね。

keyword

① 社会的インパクト理論

他者の存在が、個人の行動に与える影響を定式化する理論。①他者の強度（地位の高さや社会的な力をどの程度、持っているか）、②他者との直接性（空間的、時間的にどの程度、接近しているか）、③他者の人数という、3つの要素が個人の行動に影響を与えると考えられている。

Chapter 02

相手の心をつかんで操る

相手との類似性を見つけることが近道

受け手を惑わし魅了する両面提示と類似性

他人に対して、いかに自分を印象づけるか？ それが〈好印象〉ならば、言うことはありません。

こんな実験があります。目の前の相手に対して、笑顔で「大好き」と言うのと、ちょっと怒った顔で「大好き」と言うのとでは、受け手の記憶に残るのはどちらでしょうか？ 結果は、ちょっと怒った顔で「大好き」と言うほうです。

これは「両面提示」という手法を用い、受け手に**認知的不協和**（①）を起こさせ、その結果、深く印象づけることに成功したという例です。

このような手法は、歌謡曲の歌詞の中にも見られます。

たとえば、松田聖子さんの『小麦色のマーメイド』という曲があります。松本隆さんの作詞で、「嫌い あなたが大好きなの 嘘よ 本気よ」という一節があります。**2つの相対する感情を同時に提示することにより、相手（歌詞の中ではプールサイドにいる彼）の心を混乱させ、強いインパクトをもって訴えかけてきます。**もちろん、聖子さんの歌を聴く私たちの記憶にも、強く残っているはずです。

keyword

①**認知的不協和**
矛盾する認知を同時に抱えた状態と、
そのときの不快感。

行動心理学には、相手の心をつかむ、すなわち〈好かれる〉ためのヒントが、そこかしこに存在します。

わかりやすいところでは、〈類似性=好意度〉という方式があります。相手と同じ出身地であったり、同じ趣味を持っていたり、同じブランドの服が好きだったり、同じ映画に感動したり……。**類似性を強調するだけで心のハードルが下がり、好意度が上がる**という結果につながるのです。

これは〈ポジティブな類似性〉ですが、〈ネガティブな類似性〉もあります。いわゆる、〈嫌いなもの〉の類似性です。苦手なものや仕事の不満、「○○さんってどうよ。ちょっとイラッとしない?」というのも、これに該当します。

つまりは、**類似性における同意は、ポジティブであってもネガティブであっても、他人の心をつかみ、関係の結束を強める**のです。

とくに、ネガティブな類似性の結束は強いといわれます。世の多くの〈女子会〉は、ネガティブな類似性の〈確認の場〉になっているのかもしれませんね。

〈人を操る〉という観点において、マウスを使った動物実験があります。

keyword

②学習
生まれ持っての本能ではなく、
経験を通して身につけること。

シンプルなT字迷路を2種類用意し、端からマウスを入れます。どちらも直進して左に行けば、おいしい餌があります。Aの迷路は右に行くと電気ショックが待っていますが、Bの迷路には何もありません。はたして、どちらが早く餌への道を**学習**(②)するでしょうか。

古くからある**アメとムチ**(③)の理論からいえば、Aと答えそうですが、実験結果はBの何もない迷路に軍配が上がりました。これはどういうことなのでしょう?

Aの迷路で、一度でも電気ショックを受けたマウスは、その恐怖と痛みのストレスから、スタートの位置に戻って二度と動かなくなりました。つまり、〈ストレスを避ける〉という選択肢を選んだわけです。

では、もう一方のBの迷路では、どのような動きがあったのでしょうか。マウスは餌のない右に進んだ場合、何もないことに気づくとT字迷路の中を何度でも行き来し、試行錯誤を重ねます。そして、ついには餌への道を見つけ出し、学習したのです。

つまり、実験結果からいえるのは、**「アメとムチ」よりも「アメとムシ(無視・**

keyword

Introduction 02

③アメとムチ

報酬もしくは罰を与えることで
行動をコントロールする。

何もない）」ほうが効果的ということになりますね。

この実験は、子どもの体罰問題を考えるときに、よく引き合いに出されます。人間の場合も、殴られるなどの肉体的、および精神的な苦痛を体験すると、それが嫌で「そっと生きていく」という選択肢に至ることがあります。体罰は、受ける側はもちろんのこと、行う側も相当な精神的エネルギーを要します。ですが、その割には学習効率があまりよくありません。

このように、想像だけではわからない、実験してはじめてわかる結果を根拠とするのが、行動心理学なのです。

第2章に収められたさまざまなケースは、頭の片隅に置いておくだけで、いざというときに役に立つはず。厄介な問題や疑問にぶつかり、手詰まり感があるときなどは、実践してみる価値がきっとあることでしょう。

01

psychology

美男美女より〈そこそこ〉が一番、需要がある

〈そこそこ美人〉が一番、人気

合コンでモテたいと思ったら、どんなメンバーを集めればいいでしょうか。ある実験で、「普通」「そこそこ美人」「美人」や「普通」「そこそこイケメン」「イケメン」など、容姿レベルの異なる異性を用意し、被験者にデートの対象を選んでもらいました。

すると男性も女性も、自身の容姿や条件にかかわらず、「美人」「イケメン」を選びました。ところが、別の実験で「相手には拒否権もありますよ」と伝えると、男性も女性も真ん中の「そこそこ美人」「そこそこイケメン」を選んだのです。

通常の合コンではもちろん、相手に拒否権はあるので、**自分が「レベル的にちょうど真ん中」になるようにメンバーを集めれば、あなたが選ばれる可能性が高まる**ということです。

人は自由に選択しているつもりでも、知らず知らずのうちに、真ん中を選んでしまう傾向があります。また、この真ん中というのは、**「レベル的に中間」というものに加えて、単純に「相対的に真ん中に位置している」場合にも、選ばれやすい**のです。

keyword

① 真ん中効果

人間は特別な理由がなくても、位置的に真ん中のものを選んでしまうという効果。内容にそれほど差がない場合には、より顕著に表れる。真ん中効果は、好きなものを選ぶ場合には発揮されるが、嫌いなものを選ぶ場合には関係がない。

② 極端性回避

一番高いもの、一番安いものなど、極端なものを選ぶという選択肢を回避すること。3パターンの値段の商品がある場合、一番安いも

「松竹梅」のうち、「竹」の注文が圧倒的に多い

イギリス・チェスター大学の研究者ポール・ロドウェイ氏らが、次のような実験を行っています。

5枚セットの写真を、1セットは縦、もう1セットは横に並べ、「どの写真が一番、好きですか？」と被験者にたずねました。写真はすべて、花や海辺の風景など似たような内容で白黒写真です。さらに追加で、白い靴下5枚を縦に並べ、同じように「どれが好きですか？」とたずねました。

すると、**すべてのケースで真ん中の写真が一番、人気だった**のです。逆に、「どれが一番、嫌いですか？」と質問した場合は、真ん中の写真が選ばれる傾向は少なくなりました。

つまり、この実験から「**好きなものを選ぶときは、真ん中に位置するものが選ばれやすい**」という**真ん中効果**（①）があることがわかったのです。

「これを選んでほしい」と思うなら、その選ばせたいものを、真ん中になるように並べたらいいというわけですね。

keyword

のは「品質が劣るのではないか」「ケチな気がする」などと思って選択せず、逆に一番高いものは「贅沢じゃないか」「どうしてこんなに高いのか」と疑問が湧いて選ばない。

③ **松竹梅理論**

極端性回避と同じ。セットメニューなどに「松竹梅」の3パターンが用意されていることが多く、客が「竹」を注文する割合がもっとも高いことから、この名で呼ばれる。

同じような傾向は、値段や量にも表れます。

たとえば、ファストフード店で、ポテトのサイズが「S・M・L」と3サイズある場合、Mサイズが一番、多く売れるという調査結果があります。

また、寿司や定食などのメニューに「松・竹・梅」の3種類を展開している場合も、「竹」が一番、多く注文される法則があるといいます。「梅」では少しケチな気がするし、「松」だと贅沢な気がして手が出しにくい、という心理が働くようです。

また、SMLや松竹梅などの3つのサイズや値段がある場合、多くは「2：5：3」の割合で注文が入るともいわれます。

こうした、一番下のもの、あるいは一番上のものを回避することで、結局、無難な真ん中を選んでしまうという心理は、真ん中効果の他に、**極端性回避**（②）、または**松竹梅理論**（③）、**ゴルディロックス効果**（④）とも呼ばれます。

消去法ではありますが、〈真ん中〉をうまく意識すれば、あなたの思いどおりの結果が得られるはずです。

④ ゴルディロックス効果

極端性回避と同じ。ゴルディロックスとは、童話『3びきのくま』に出てくる小さな女の子の名前。くまたちの家に迷い込んだ少女が、3つ並んだ料理やベッドなどから自分にぴったり合ったものを選びとっていく様子から、この名が使われるようになった。「ちょうどいい」ものは、ゴルディロックスの名で呼ばれることが多い。本文の場合も、「真ん中のちょうどいいものを選ぶ」という意味。

02

psychology

女性に対して〈やってあげたよ感〉は出すな

男性より女性のほうが表情を読みとる

あなたが男性の場合、妻や彼女からいろいろな頼み事をされることも多いでしょう。そのとき、注意したいことがあります。それは、**女性に対して「やってあげたよ」という感情を、言葉や態度に出してしまうこと。まるで、親切の押しつけのように思われ、逆にイラッとさせてしまいます。**

しかも、女性は男性より相手の感情がどういうものなのかを読みとる能力にたけているので、より注意が必要。つまり、「君のためにやってあげたよ」という気持ちを抱いたとき、同じ表情を男性と女性に向けた場合、女性のほうがより強く〈やってあげたよ感〉を察知するのです。

アメリカ・ペンシルベニア大学でルービン・ガー①博士が行った、男女の表情認知力②の違いについての実験結果が、そのことを示しています。被験者は、パソコンの画面に映し出される顔が、どういう感情かを当てるテストに挑戦しました。

結果、**女性のほうが、男性よりも速く、かつ正確に表情を読み**

keyword

① ルービン・ガー
脳科学者。男女の性差に関する研究の第一人者。まだ分析は十分ではないと前置きしつつ、「女性は幸せや悲しさの表情に対して敏感で、男性は怒りや恐れの表情に対して敏感のようだ」という見解も示している。

② 表情認知力
表情から相手の感情を読みとる力。対面して行うコミュニケーションにおいて、重要な役割を果たす。心理学者アルバート・メラビアン氏は、表情、声のト

とったのです。また、実験中に脳の状態も観察したのですが、男性は女性より2倍も脳を働かせていたことがわかりました。つまり、**脳を目一杯、使ったのに、男性は女性より表情を読みとることができなかった**のです。

また、別の実験では、女性の被験者の9割が、見せられた写真から（写っている人物が男性だろうと女性だろうと）正しく表情を読みとったのに対し、**男性の被験者は写真に写っている人物が女性だと、7割程度しか表情を正しく読みとることができなかった**、という結果も出ています。

相手がどういう気持ちなのか、**表情から読みとる能力が高い女性に対して、ちょっとでも〈やってあげた感〉をにおわせたら、けむたがられる**おそれがあることが、これらの実験結果からよく理解できるのではないでしょうか。

仏像の表情を読みとることができる日本人

表情に関する実験として、他にも仏像③の表情をどのよう

keyword

ーン、語るメッセージの内容を変えて、聞き手が受ける好意の度合いを調査したが、そのとき、聞き手に与える影響の割合は表情が55％、声のトーンが38％、語るメッセージの内容が7％だった。

③ 仏像
口元にかすかな笑みを浮かべた仏像の繊細な表情は、「アルカイック・スマイル（古拙の微笑）」と呼ばれている。仏像以外では、ギリシャの初期の彫刻（アルカイック彫刻）や、レオナルド・ダ・

に読みとるかというものを、広島大学の有賀敦紀《ありがあつのり》准教授らが行っています。

実験では被験者に、京都市の**蓮華王院三十三間堂**《れんげおういんさんじゅうさんげんどう》（④）の千体《せんたい》千手観音立像《せんじゅかんのんりゅうぞう》のうち、48体の仏像の顔の写真を見せました。

そして被験者には、①何歳に見えるか、②男性と女性、どちらに見えるか、③悲しみ、喜び、怒り、恐れ、嫌悪、驚きのうち、どの感情を、どの程度の強さで表しているか、④どれくらい好きか、という質問をします。また、被験者は日本人だけでなく、アメリカ人も含みました。

結果、**アメリカ人の被験者に比べて、日本人の被験者は「一見、悲しんでいるようだけど、実は喜んでいる」など、より複雑な感情を仏像の表情から読みとった**のです。

前述のペンシルベニア大学の実験はアメリカで行われたものですが、その被験者以上にするどい表情認知能力を、日本人は持っているといえそうです。

日本人女性とお付き合いしているかたは、言葉や態度にはより慎重になったほうがよいでしょう。

ヴィンチの絵画『モナ・リザ』が、アルカイック・スマイルの表情として知られる。

④ 蓮華王院三十三間堂

正式名称は蓮華王院。その本堂の通称が、三十三間堂である。約120メートルもの長さの木造建築物で、1952年に国宝に指定された。お堂には1001体もの千手観音像が並び、観音像は1体1体すべて違う顔をしている。

03

psychology

「世界で一番、君を理解している」は言ってはいけない

比較するような表現は逆効果

「ぼくが一番、君を理解している」「世界で一番、あなたを幸せにできる」など、女性に対して好意をアピールするときに「自分が一番」という言葉を使う男性がいます。ですが、この表現はとても危険です。

「世界で一番」というのは、つまりは2番も3番もいて、相対的な評価でトップだということ。すると、女性は「2番目の人なら理解力は低くても、ほかの点がすぐれているかも」「3番目の人だったらどうだろう?」と、別のストーリーを想像してしまいます。結果、「ほかの選択肢のほうが、魅力的だったんじゃないか」と思い、満足度が下がってしまうのです。

ある実験で、複数の男性から交際相手を選択した女性は、選択肢(1)がひとりしかいなかった女性に比べて、満足度が低くなることがわかっています。ひとりを「ありorなし」の二択で選んだ女性は、その人のプラ

世界で一番、
君を理解している！
1
2
3
Which?
2番目の
彼なら
どうだろう？
3番目の
彼のほうが
いいかも？

ス面がより見えてきます。ですが、**複数の中からひとりを選んだ女性は選んだあとも、ほかの男性と比較する**傾向がありました。結果、自分の選択にフラストレーション（②）がたまり、満足度が下がるのです。誰かと比較する表現は避けるのがベターでしょう。

keyword

① **選択肢**
用意されている2つ以上の答え。「選択肢が多いほうが自由な選択ができて満足度が高くなる」と考えられていたが、実際は異なるという。

② **フラストレーション**
抱えている欲求が、なんらかの障害によって阻止され、満足できないこと。その結果として生じる不安、不満、不快な状態。

04

psychology

無理にクセをやめさせると発揮できる能力が1/3になってしまう

クセを我慢すると点数が下がる

クセ（①）というものは、自分ではなかなか気づきませんが、他人のクセは目につきやすいもの。そんなとき、指摘したり、やめさせようとしたりすることは、おすすめできません。

イギリス・オックスフォード大学で、クセをテーマにした実験が行われました。対象となる650人の学生が学力試験を受けるのですが、半数の学生はいつものクセを試験中に出さないようにする、という条件が設けられました。残りの半数の学生は通常どおり試験を受けるので、クセを出しても許されます。

実験の結果、クセを出してはいけないと抑制された学生たちは、いつもの1／3程度の点数しかとれなかったのです。

このオックスフォード大学の実験からは、クセを出すことが緊張緩和や集中力アップにつながっているこ

とがわかります。
もし、同僚が机に向かったときに貧乏ゆすりをしていても、ペンをぐるぐる回しているとしても、そのクセは集中力アップなど仕事に役立っている場合もあるので、無理にやめさせないほうがいいかもしれませんね。

keyword

① クセ

自分でも意識していないうちに出てしまう言行。クセは〈無意識のサイン〉とも考えられ、「よく鼻をさわる仕草はウソをついているサイン」「右上を見ながら考える人は、細かく分析する理系タイプ」などというように、クセによって相手の心や性格を見抜くことができると考える心理学者もいる。

05

psychology

一方がオナラを我慢している夫婦はうまくいかない

共有する恥の度合いは同じがいい

生活をともにすることとなる夫婦。結婚前とは違った姿が見えてくるものですが、どこまで自分をさらけ出せばいいのかは、悩ましいところです。

たとえば、あなたはパートナーの前でオナラができますか？

ここで問題になるのは、**夫婦間でオープンにすることのバランスがとれているか**ということ。

「夫も妻も、お互いの前でオナラをする」「夫も妻も、お互いの前でオナラをしない」というように、両者が同じ状態ならばいいのですが、「夫は妻の前でオナラをするけれど、妻は夫の前でオナラをしない」など、均等でない場合は好ましくありません。

オックスフォード大学が83組の夫婦に、夫婦間でのオナラの問題について聞いたところ、**オナラをする側がしない側に対して、精神的に優位に立っている**こと

夫婦の仲がいい

夫婦で共有する恥の度合いが同じ

がわかりました。

夫婦間で共有する恥（①）の度合いが一緒でなければ、片方が精神的に優位に立っている、いびつな状態になってしまうのです。幸せな夫婦生活を続けるためには、お互い精神的な安定が欠かせませんよね。

keyword

① 恥

なんらかの比較の基準にもとづき、劣位の感情を抱くこと。ルールや常識を知らず、失敗してしまったときなどに羞恥心を感じる。心理学では「無意図的な、あるいは自らの望まない苦境や逸脱を意識した際の反応」「自己呈示が適切に行われないことを意識した際の反応」などと定義される。

06

psychology

「YES」or「NO」で返事させないようにすれば「OK」を得られる

矛盾する2つの事柄で相手を追い詰める

ビジネスやプライベートなど、さまざまな場面で相手に何かを交渉することがあるでしょう。そんな交渉の場で使える心理学のテクニックの1つとして、「ダブルバインド」があります。

ダブルバインドとは、日本語に訳すと「二重拘束」。矛盾している2つの事柄に、心が縛られているような状態を指します。

この二重拘束によって、相手を精神的に追い詰めてしまう場合があります。たとえば、ブラック企業で怖い上司が営業成績の悪い部下を叱りつけるシーン。部下は必死に外回りをしなければ、「お前はなんで営業しないんだ!」と上司に怒られます。しかし、このブラック企業が製造する商品の品質は粗悪なものなので、営業しても商品はまったく売れません。結局、外回りをしても部下は上司から「お前はなんで商品を売ることができないんだ!」と怒られてしまいます。

つまり、**「行動しないと怒られる」が、「行動しても怒られる」という、逃げ道のない袋小路の状態。**どちらをとっても怒られる

keyword

① グレゴリー・ベイトソン

アメリカの文化人類学者・精神医学者。遺伝学者ウィリアム・ベイトソン氏を父に持つ。ケンブリッジ大学で生物学・文化人類学を学び、ニューギニアやバリ島などで、フィールドワークを行った。第二次世界大戦後は、制御・通信・情報処理に関して、生物と機械を区別せず統一して扱う総合科学「サイバネティクス」の創始にも関わった。妻は20世紀のアメリカを代表する文化人類学者として有名なマーガレット・ミード氏である。

わけですから、精神的にどんどん追い詰められ、最悪の場合、心の病気になることも。それが、ダブルバインドの怖い面です。

ダブルバインドという概念をつくり上げた文化人類学者・精神医学者のグレゴリー・ベイトソン（①）氏は、統合失調症の子どもがいる家庭を調査する中で、このダブルバインドを発見しました。ベイトソン氏によると、**矛盾する2つの命令に縛られた子どもが、統合失調症になってしまう傾向がある**といいます。

相手がどちらを選んでも自分の目的は叶う

人の心を追い詰める手法・ダブルバインドですが、上手に使えばポジティブな方向性で利用することもできます。

催眠療法で有名な心理学者・精神医学者のミルトン・エリクソン（②）氏は、ダブルバインドを精神医療に利用しました。

エリクソン氏は催眠療法によって、**患者に2つの指示を出しますが、患者がそのどちらを選んでも〈よい結果〉が待っている**というのが特徴。これは、「医療ダブルバインド」とも呼ばれ、前

keyword

② ミルトン・エリクソン

アメリカの精神科医・心理学者。催眠療法で有名で、アメリカ臨床催眠学会の創始者にして初代会長。柔軟な姿勢で、臨機応変に治療に当たったことで知られる。不眠症の男性に「眠れない夜は一晩中、モップで床掃除をしなさい」と指示を与えただけで不眠症を治し、親指のおしゃぶりがやめられない子どもには「ほかの指もしゃぶってあげないと不公平だよ」と言うことでおしゃぶりをやめさせた、というエピソードが残ってい

述のブラック企業のようなダブルバインドとは異なるものです。

　こうしたポジティブなダブルバインドは、日常のコミュニケーションにも応用できます。

　たとえば、気になる相手をデートに誘うとき。「今度、飲みに行かない？」「次の土曜日、空いてる？」などと漠然と聞くよりも、ダブルバインドを使えば、グッと成功率が上がるでしょう。

　まず、相手に「肉料理だったら、焼き肉としゃぶしゃぶのどっちが好き？」と、選択肢を示しながら質問します。「焼き肉」という答えが返ってきたら、次に「駅の近くに、おいしい焼き肉屋を見つけたんだけど、今週の土曜か日曜日、どっちだったら都合がいい？」と話を進めるのです。

　ポイントは、「ふたりで食事に行く」ことを既成事実のように**前提③**として会話に忍ばせながら、「焼き肉orしゃぶしゃぶ」「土曜日or日曜日」と、二者択一の質問をすること。**相手がどちらを選んでも、自分の目的が叶うという都合のいい選択肢を提示する**のです。**「行くor行かない」、つまり「YES」か「NO」で相手に返事をさせないようにして、「OK」をもらう**のですね。

る。自身の体に障害を抱えており、晩年は車椅子に乗りながら患者を診ていたという。

③ 前提
一般的には、「ある物事が成り立つために、前置きとなる条件」を指す言葉。本文の場合は、「どちらにしてもデートには行くとして」が前置きとなって、その上で「土曜にするか、日曜にするか」を選ぶといったこと。

07

psychology

自分で選んだものに対して期待度は1.5倍、高くなる

自分で買った宝くじは「当選する」と期待する

宝くじ①を買うときは、宝くじ売り場まで自分で買いに行く、という人がほとんどではないでしょうか。本来ならば、自分で買っても、他人に買ってもらっても、当選確率は変わりません。それでも「自分で買いたい」と思うのは、「自分で選んだものはいいに決まっている」という**自己暗示②**が働いているのです。

「自分で店を探して買った宝くじ」と「人に買って来てもらった宝くじ」。どちらが当選すると思うか、とたずねると**「当選する」という期待は、自分で買った宝くじのほうが1・5倍も高い**という研究結果があります。

この結果は、**認知バイアス③**という理論で説明ができます。認知バイアスとは、**ある対象を評価するとき、自分の利益や希望にそった方向に自然と考えが引きずられる**こと。対象の目立った特徴だけが評価され、ほかの特徴の評価が軽く見られたり、無視されたりもします。宝くじの場合は、「自分が一生懸命に買いに行ったのだから、当たるんじゃないか」と期待してしまうのです。

keyword

① 宝くじ
正式名称は「当せん金付証票」。日本では、賞金付きくじは法律で禁止されているが、宝くじは「当せん金付証票法」で規定されているため禁止されていない。

② 自己暗示
暗示とは、言葉や合図をきっかけに、人の考えや行動を操作したり、誘導したりすること。自己暗示は、その暗示を自分自身にかけることをいう。「自分はこうだから」と暗示をかければ、自分がまねいたことであっても、心

この理論を人間関係に当てはめると、**最初に「この人はいい人だ」と思ったために、あとから悪い点が見えても「そんなことはない、いい人に決まっている」と思い込む**といったことが起こります。直感や先入観によって、評価が左右されてしまうのです。

〈自分のもの〉は価値があると錯覚する

認知バイアスには、**保有効果④**もあります。

保有効果は、自分の所有物に対して、「自分のもの（所有物）だ」という理由だけで、付加価値があるように感じること。**たとえ同じものであっても、自分のもののほうが、相手のものより価値があるかのように錯覚する**のです。

行動経済学者のリチャード・セイラー氏と心理学者の**ダニエル・カーネマン⑤**氏は、保有効果について次のような実験を行いました。大学生を3つのグループに分け、マグカップに値段をつけてもらいます。Aグループには、最初に購買部で売っているマグカップをプレゼントし、その後「このマグカップを売りに出す

keyword

も体も従うようになる。暗示はかかっている本人が気づかないことも多く、自己暗示も同様の傾向がある。

③ 認知バイアス
ある特定の情報や記憶に影響を受け、不合理な選択や判断をすること。たとえ「統計学的に誤っている」とみんながわかるものであっても、気持ちの面でバイアス（偏り）がかかり、合理的ではない認識をしてしまう。

としたら、いくらにしますか？」と、聞きました。Bグループには、同じマグカップを見せ、「いくらなら買いますか？」と聞きます。最後のCグループには、マグカップとさまざまな額の現金をかわるがわる見せ、「現金とマグカップ、どちらか好きなほうをもらえるなら、どちらがいいですか？」とたずねます。そして、マグカップが多く選ばれる金額の最低価格を調べました。

それぞれのグループがマグカップにつけた値段は、Bグループが2・87ドル、Cグループが3・12ドルだったのに対し、Aグループは7・12ドル。その差はなんと2倍です。**ついさっきもらったばかりのマグカップですが、「自分のもの」になったために、保有効果が働いて付加価値がついた**のです。

認知バイアスや保有効果が働くと、人はより高い価値を見出します。これを意識すれば、相手の心をコントロールすることも可能でしょう。たとえば、**第一印象で「この人はすてき」と思わせれば、あとで失敗しても基本的な高評価は変わりません。また、いくつかの中から相手に選んでもらえば、「これは私が選んだ」と印象づけられ、付加価値をつけることもできる**のです。

④ **保有効果**
自分が所有するものに高い価値を感じること。「手放すことに抵抗を感じさせる」という効果にもなる。人間は保守的であるため、何かを手に入れるメリットよりも、失うデメリットを強く感じる。

⑤ **ダニエル・カーネマン**
心理学者。人間が不確実な状況において下す判断や意思決定に関する研究を行い、行動経済学をつくり上げた。２００２年ノーベル経済学賞受賞。

08

psychology

がっつりメイクより すっぴんで堂々としたほうが 美人だと思われやすい

ノーメイク＝美人と判断する

「もっと、きれいになりたい」。これは、すべての女性に共通する望みかもしれません。では、美人になるにはどうしたらいいのでしょうか。

一番、手っ取り早いのが「メイクでステキに見せる」方法でしょう。ですが、実は**がっつりメイクをしないほうが、美人に見られる可能性が高い**のです。

イギリスのタブロイド紙『デイリー・メール①』に掲載された**知覚心理学②**の実験では、男性を被験者に、100人の女性の容姿を点数で評価してもらいました。Aグループはすっぴん状態の女性を、Bグループはメイクをした状態の女性を点数化します。すると、BグループはAグループより、たったの約2％しか点数が増えなかったのです。

がっつりメイクだと、「メイクのおかげできれいなんじゃないか」と、魅力を割り引いて見られてしまう

がっつりメイク
すっぴん
化粧しているから
美人に見える？
美人だから
ノーメイクなんだ！

傾向があります。逆に、**すっぴんで堂々としていると、「美しいからノーメイクなんだ」とプラスに判断される**ようです。美人に見られたいなら、がっつりメイクよりも、すっぴんに近いナチュラルメイクをするほうが効果的ということがわかりますね。

keyword

①デイリー・メール
1896年創刊。イギリスでもっとも古いタブロイド紙として有名。発行部数は国内2位で、内容は保守的な傾向が見られる。

②知覚心理学
感覚器官を通じ、外界の事物を知ろうとする人間の心の動きを解明する学問。知覚とは、視覚・聴覚・嗅覚・味覚などの働きを指している。

09

psychology

6年後、離婚するかどうかは夫婦の話し合いの最初3分でわかる

否定的表現は危機のサイン

お似合いに見えた夫婦が別れてしまうことも少なくありませんが、実は夫婦が話し合うところを3分間見ただけで、結婚が長続きするかどうかがわかるというのです。

夫婦関係や結婚生活の研究で知られる心理学者ジョン・ゴットマン氏は、さまざまな夫婦の15分間にわたる話し合いの様子を観察し、3分ごとに区切って、その内容を分析しました。

実験に参加した夫婦を、6年後に結婚生活が続いているグループと、離婚したグループに分類したところ、「離婚したグループの会話は、最初の3分間から否定的な感情表現が多い」という特徴が見られました。とくに、夫はそれから続く12分間で、よりたくさんの否定的表現を使いました。逆に、肯定的表現が多い夫婦は結婚生活が長続きしていました。

3minutes
なんで君はそんな言い方しかできないんだ！
だからあなたはダメなのよ！
批判
改善しない

結婚生活を続けるコツとして、ゴットマン氏は「相手に問題があるときには、**批判ではなく不満**（①）を言うように」と提案しています。**人格を批判するのではなく、「ここにはこういう問題がある」と不満を述べる**のであれば、相手も受け入れやすいでしょう。

keyword

① 批判ではなく不満

たとえば、「本当にあなたは、だらしがないんだから……」と人格を批判をすると、相手は改善策がわからず、追い詰められてしまう。「もとの場所に戻してくれないと、ここを通るときに危険なのよ」などと不満を言われるのであれば、改善への方向性が見え、受け入れることができる。

10

psychology

いざというとき頼りになるのは顔だけ知っている赤の他人

お互い、興味は持っている

毎日同じ車両で見かける人、いつも利用するコンビニの店員さん、通勤途中に会う散歩する人……。**赤の他人で名前は知らないけど、よく見るのでお互いに顔は知っている。**そんな人は、いないでしょうか。

そうした〈よく見る赤の他人〉を、アメリカの社会心理学者スタンレー・ミルグラム氏は、**ファミリア・ストレンジャー**（①）と呼びました。

ミルグラム氏は駅で写真を撮り、その写真を次の週、同じ時間の電車に乗る人に見せました。すると、**ひとりあたり平均4人ものファミリア・ストレンジャーがいた**のです。生活全般においてならば、人数はもっと多くなり、大都市で暮らす人ほど増えるでしょう。

ファミリア・ストレンジャーは、互いに興味を持っていることが多く、小さなきっかけで一気に親密になります。たとえば、**同じ事故に巻き込まれると、すぐ**

に〈大切な仲間〉になるのです。

実際、ファミリア・ストレンジャー同士が助け合い、励まし合って困難を乗り切った話もあります。「遠くの親戚より近くの他人」ともいいますが、いざというときに頼りになるのは、よく見かける赤の他人なのです。

keyword

① ファミリア・ストレンジャー

よく見かけ、顔は知っているが、名前は知らずあいさつや会話をしたことがない程度の他人。小さなことがきっかけで一気に親密になり、恋愛に発展する場合もある。会ったことはないが、SNSだけでつながっている〈見知らぬ友人〉は、「インティメイト・ストレンジャー」とも呼ばれる。

column 04

自己認識は
思い込みで変わる!

お酒を飲めば自分に自信がつく!?

実験

実験内容

1
グルノーブル大学のローラント教授による実験。新製品の試飲テストと偽り、被験者の半数にアルコール飲料、残りの半数にはノンアルコール飲料を飲んでもらった。

2
試飲を終えた被験者に、飲んだ製品の宣伝コピーを考え、ステージで発表してもらう。その後、ビデオで撮影した発表する自身の姿を、どのくらい魅力的か評価してもらう。

3
さらに、実験者とは関係ない大学生らにも同じビデオを見せ、被験者の魅力を評価してもらう。自己評価と客観的な評価で、どのくらいの差があるかを調べた。

解説

大勢の前で発言するなどの度胸がいるとき、事前にお酒を飲むという人もいるでしょう。人は酔うと自信がつき、うぬぼれるということを証明した実験です。

結果

アルコールを飲んだ被験者は、アルコールを飲んでいない被験者と比べて、自分の魅力を高く評価しました。また、アルコールと偽り、ノンアルコール飲料を飲ませた場合も同様に、自分の魅力を高く評価したのです。ですが、大学生の評価はアルコールを飲んだ被験者に対しても、飲んでいない被験者に対しても変わりませんでした。

考察

お酒を飲んで自分の魅力に自信を高めたとしても、第三者にとってはその違いがわからず、評価は変わらない……飲むと気が大きくなる人には、耳が痛くなるような結果ですね。おもしろいのは、実際にアルコールを摂取していなくても、飲んだ気になるだけで自信がついた点。思い込むだけで気持ちの持ちようが変わるのなら、「○○したつもり」で挑戦すればいいかもしれませんね。

関連実験
女性は失敗しやすい!?

お酒を飲むと、相手のことが普段より魅力的に見えてしまう現象を調べた実験です。

飲酒した被験者に、顔の左右対称度合いを調整した顔写真を見せ、左右対称にした写真か、そうでない写真かを判断させます。結果、飲酒すると左右対称性を判断する能力が落ちることがわかりました。とくに、その傾向は女性に顕著。顔の左右対称性はよい遺伝子を持っているかの判断基準となるため、飲酒時は魅力的なパートナーを見極める能力が落ちることになります。

11

psychology

食べかたを指示されるほうが、おいしく感じる

もったいぶった説明でおいしくなる

外食した際、お店によっては食べかたを指示されることがあります。たとえば、ラーメン屋さんで「麺を食べる前に、まずはスープを一口すすってください」と言われたり、カレー屋さんで「カレーとライスを、よく混ぜた状態にしてから食べてください」と言われたり。

お金を払っているんだし、自由に食べさせてほしいと考える人もいるかと思いますが、実は食べかたを指示されるのも悪いことではないのです。

アメリカ・ミネソタ大学の心理学者キャスリーン・ヴォース(1)氏は、**「こういうふうに食べなさい」と食べかたを指示されたほうが、食べものをおいしく感じる**と提唱しています。

ヴォース氏は、まずチョコレートバーを使った実験を行いました。被験者たちを2つのグループに分け、どちらにもチョコレートバーを食べさせたのですが、一方のグループには自由に食べさせ、もう一方のグループには食べかたを指示しました。

keyword

(1) キャスリーン・ヴォース

ここで紹介したチョコレートバーやケーキの研究以外では、「散らかった部屋の人のほうがクリエイティブ」などの意見で知られる。2013年に発表した論文で、ヴォース氏は整理整頓されたオフィスと散らかったオフィスを使って実験を行った。それぞれのオフィスに来た被験者に「ピンポン球の新たな使い道を考える」という課題を出したところ、散らかったオフィスのほうが、斬新で独創的なアイデアが飛び出したという。ヴォース氏は、後者のグループに対しては、担当者がチョコレートバーに関してもったいぶった説明をしてから、「まず、チョコレートバーの上をかじってください。そのあとに、下をかじってください」と、食べかたについて細かく伝えました。

結果、食べかたについて指示されたグループのほうが、チョコレートバーをおいしいと、より強く感じたのです。

さらに、「もっと食べたい」という感想を持った人も、指示されたグループのほうが多かったといいます。

意味づけは、おいしいスパイスになる

また、ヴォース氏はケーキを使った実験も行いました。

普通に何もせずにケーキを食べるグループと、誕生日ケーキを食べるように、ハッピーバースデーの歌を歌ってから食べるグループに分けたところ、ハッピーバースデーを歌ったグループのほうが、ケーキをよりおいしいと感じたといいます。

これは、ケーキを前にみんなでハッピーバースデーの歌を歌う

keyword

散らかった環境は「世界がつねに、秩序立っているわけではない」ことを人に実感させ、それが新しいことへの挑戦と固定観念にとらわれない行動に関係すると主張した。

② 儀式

ヴォース氏によると、この〈儀式〉はなんでもいいわけではなく、エピソードをともなうことと、繰り返し行われる習慣的なものに限られるという。エピソードとは、誕生日の思い出などのこと。「繰り返し行われる習慣的

という、おなじみの〈儀式②〉を行うことで、内発的興味③が発生したためと考えられます。つまり、**ケーキに特別な意味が生じたため、ケーキをよりおいしく感じるようになった**のです。

チョコレートバーに関しても、食べかたに指示を出されたことで、漫然と食べるときよりも、チョコレートバーへの意識が高まり、よりおいしく感じるようになったのでしょう。

人はなんの意味もないものより、何か意味があるものをよいと感じ、価値を見出すものなのです。

「麺を食べる前に、まずはスープを一口すすってください」といった店側からの食べかたの指示も、店が推薦する食べかただからおいしいというよりも、**指示されると特別な意味を感じるから、よりおいしいと思ってしまう**のです。

あなたが大事な人に手料理を食べてもらうときも、この意味のつけ加えは応用できるでしょう。何も言わずに料理を出すのではなく、**「途中で○○をつけ足してみて」「初めてつくってみたんだけど、どうかな」**などと、なんらかの意味を加えるのです。それは、きっと料理のおいしいスパイスになることでしょう。

なもの」という要素も、年に1回行われるおなじみのイベントという点で誕生日パーティは合っている。

③ 内発的興味
その人物の内から生じた興味。たとえば、仕事に対して強い内発的興味がある場合には、仕事の対価として支払われる報酬よりも、仕事を行うこと自体に価値を感じている。

12

psychology

ホットドリンクを飲ませれば相手は心を開く

体が温まると、他人を信頼する

「手の冷たい人は心が温かい」「手が温かい人は心が冷たい」という俗説があります。ただの迷信のように思えますが、本当に手の温度と心は関係があるのでしょうか？

アメリカ・イェール大学の心理学教授ジョン・バーグ氏とコロラド大学のローレンス・ウィリアムズ氏が、共同で次のような実験を行っています。

バーグ氏は被験者を2つのグループに分け、片方にはホットコーヒーを手に持ってもらい、もう片方にはアイスコーヒーを手に持ってもらいました。しばらくしてから、彼らにある人物に関する情報を与え、その人物がどういう性格かを判断してもらいます。すると、**ホットコーヒーを持たされて体が温まった人たちには、「その人物は心が温かい」と判断する傾向が見られた**のです。

さらにバーグ氏は、被験者を温湿布または冷湿布を貼ったグループに分けたあと、実験参加のお礼の品として、自分自身へのプレゼントか友人への商品券のどちらかを選ばせるという実験も行

keyword

① セイモア・フィッシャー

心理学者。主な著書に、人間の身体感覚について説いた『からだの意識』（誠信書房）がある。同書では、人間は自分の体をどう知覚するか、人間は自分の体とその外部をどう区別するか、〈男らしさ〉〈女らしさ〉と体の関係、人間は衣服で外見をどう飾りつけ、同時にどう隠しているかなど、創作活動と体の関連が論じられている。

いました。この実験では、**温湿布を貼った人たちのほうが、友人のための商品券を選ぶ**という結果が出ました。

バーグ氏はこの2つの実験を通じて、「**人間は体が温まると、他人を『心が温かい人』だと判断する上、他人に対して寛大になり、より他人を信頼するようになる**」と結論づけています。

つまり、「手の冷たい人は心が温かい」という俗説は間違いだという結論が導き出されます。

体と心の関連について研究している心理学者の**セイモア・フィッシャー**（①）氏もまた、「**手のひらの温度が高い人ほど、人付き合いが好きで、手のひらの温度が低い人ほど人付き合いが苦手**」という説を唱え、こちらも「手の冷たい人は心が温かい」とは逆のことを主張しています。

手が冷たい人は緊張している

そもそも「手の温度が低い」とは、どういう状態なのでしょうか？　手が冷たいときは、**交感神経**（②）が刺激されて毛細血管

keyword

② 交感神経
自律神経の1つ。交感神経と副交感神経で自律神経は構成される。交感神経は人間が活動をしているとき、緊張しているとき、ストレスを感じているときなどに働く。一方、副交感神経は休息しているとき、眠っているとき、リラックスしているときなどに働く。自律神経は、循環器、消化器、呼吸器の活動を調整するために24時間働き続けているが、ストレスや不規則な生活などで交感神経と副交感神経のバランスが崩れると、体にさまざまな不調が現れるようになる。自

が縮まり、血液が回りにくい状態といわれます。

緊張しているときに自分の手が冷たいと感じるのも、この作用の影響。つまり、「手の冷たい人は心が冷たい」というよりも、「**手が冷たいときは、心を閉ざしている状態にある**」といったほうが正確なのです。

相手の手の温かさや冷たさを知ることは、交渉の場面などでも活用できます。たとえば、あなたが初対面の人とビジネスの交渉をするとき。まず、最初の挨拶で握手をしてみてください。

相手の手が冷たいようなら、相手は緊張ぎみで心を開いていない状態。そういうときは、温かいコーヒーなどのホットドリンクをすすめ、重要な事項をすぐには切り出さないようにします。しばらくたって、相手の体が温まってきたころに重要な事項について話すとよいでしょう。

ただし、精神科学者のジャン・アストロム③氏の研究によると、手が湿っている人は内向的という見解も。**手が温かくても、同時に汗をかいているようなら、ズカズカと相手の内面に踏み込むことはせず、適度に距離をとる**ようにしましょう。

律神経が乱れる原因は、精神的・身体的なストレス、寝不足や昼夜が逆転した生活、不規則な食生活、更年期障害などがある。

③ ジャン・アストロム
スウェーデンの精神科学者。握手について、人は相手に共感したときほど力強く握手し、無関心なときは弱く握手すると主張した。また、社交的でオープンな人は力強く握手し、内向的な人は弱く握手するとも述べている。

13

psychology

記念日に縛られない夫婦のほうが理想的

過剰なお祝いで埋め合わせをする

恋人との間には、初めて出会った日やお互いの誕生日など、さまざまな記念日がありますよね。さらに夫婦①ともなれば、プロポーズした日や結婚記念日も加わり、盛りだくさんです。

そうした記念日をすべて忘れずお祝いをする夫婦と、記念日をうっかり忘れてしまう夫婦。意外かもしれませんが、実は後者のほうが、円満な結婚生活を送っているのです。

というのも、記念日にこだわる夫婦は、実は普段の関係がおざなりという場合が多く、だからこそ、記念日には気合いを入れて祝うことで埋め合わせをしているのです。ある夫婦の追跡調査では、記念日に縛られている夫婦は、徐々に夫婦関係が薄くなっているということもわかっています。

ただし、男性のかたへアドバイスしたいのですが、

記念日を完全に無視していいわけではありません。女性は他人の記憶に敏感で、相手が覚えていることが重要。

つまり、記念日に過剰なお祝いをする必要はありませんが、**女性に対して「今日は結婚記念日だね」と覚えていることをアピールする**必要はあります。

keyword

① 夫婦

『結婚生活を成功させる七つの原則』の著者、ジョン・ゴットマン氏をはじめ、夫婦や結婚をテーマにして研究する心理学者は多い。最近では、ベストセラーの『嫌われる勇気』（ダイヤモンド社）で一躍、有名人になったアルフレッド・アドラー氏も、結婚についてさまざまな言及をしている。

14

psychology

交渉するときは、あえて「話が違う」状況にすれば承諾を得られる!?

一度OKするとNOは言いづらい

誰かに無理なお願いをするとき、論理的に説明するしかないと思っていませんか？　もちろん、それが一番ですが、**あえて「話が違う」という状況を生かす裏技もあります。**ロバート・チャールディーニ博士らのローボールテクニック（①）に関する調査をもとに、研究者ジェリー・バーガー氏は実験を行いました。

3つのグループに計算問題を解いてもらいます。実験開始時に、第1～2グループには報酬あり、第3グループには報酬なしと伝えます。ところが途中で、第1～2グループに「状況が変わり、報酬はなくなった」と伝えます。この際、第1グループには最初に「報酬はある」と伝えた担当者と同じ人が、第2グループには違う人が「報酬はなくなった」と伝えます。結果、実験に参加すると答えた人数が一番多かったのは、第1グループでした。

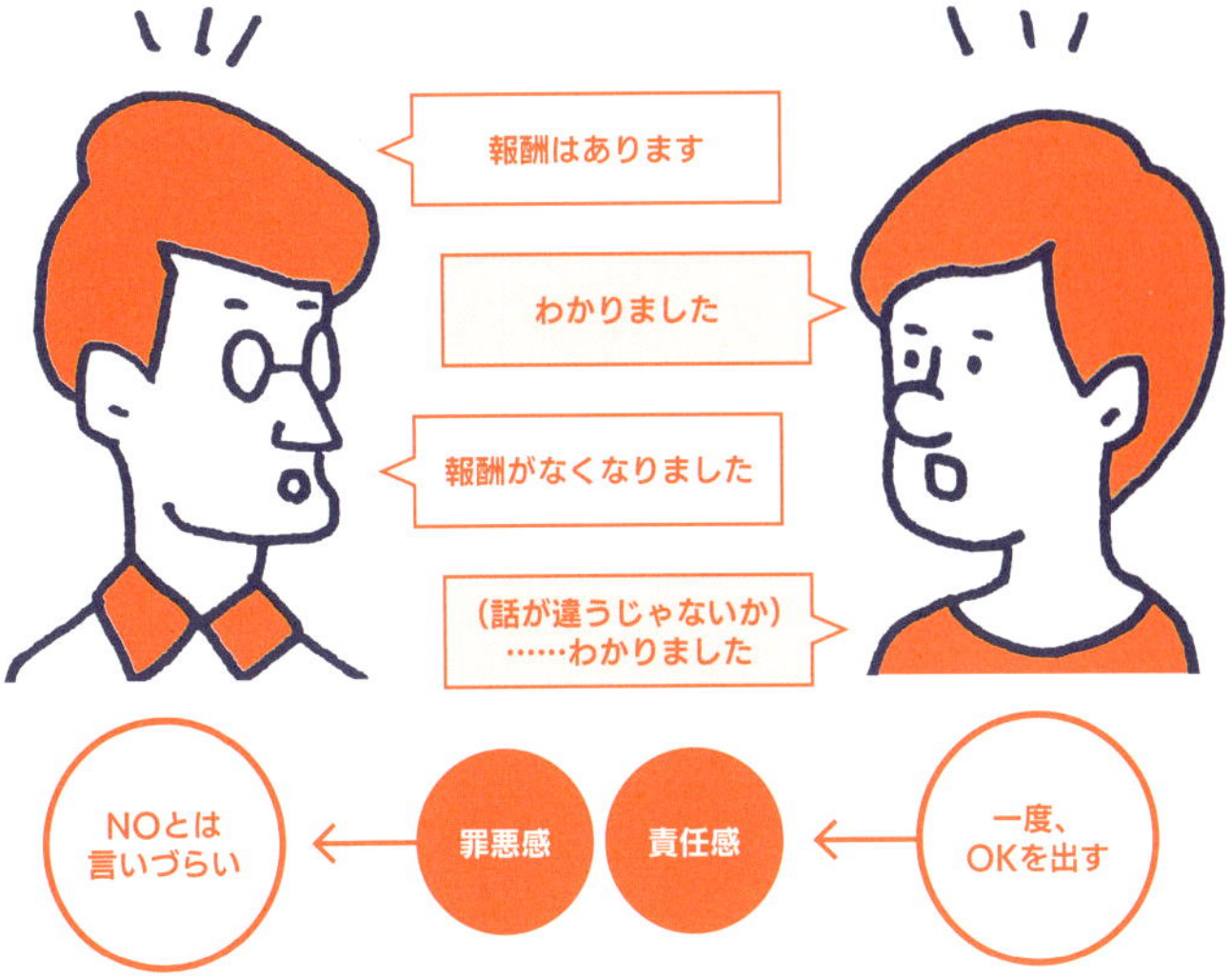
報酬はあります
わかりました
報酬がなくなりました
（話が違うじゃないか）……わかりました
一度、OKを出す
責任感
罪悪感
NOとは言いづらい

この結果からわかるのは、**人はいったんOKすると、人間の心理上、途中でNOとは言いづらい**ということ。「話が違うじゃないか」と思いつつも、**一度引き受けた責任感や、断ることへの罪悪感から、投げ出すことができなくなる**というわけです。

keyword

① ローボールテクニック

ローボール（low-ball）は、価格をわざと安く見積もるという意味。たとえば、安い金額にしてハードルを下げた条件で、まずは相手のOKをもらい、あとから金額をつり上げてハードルを上げ、最終的に承諾を得るというテクニックがある。悪徳業者がよく使う技でもある。

15

psychology

外で歩きながら話すと本音を言いやすい

外を歩くとリラックスできる

仕事の打ち合わせやプライベートの相談は、会議室や喫茶店などで、座った状態で行うことが多いでしょう。ですが、話し合いは座ってやらないといけない、と決まっているわけではありません。

時には、「歩きながら話そうか」と誘ってみるのもいいでしょう。**人は歩いていると、リラックスできる**という実験データがあるのです。

アメリカのミシガン大学やイギリスのエッジヒル大学で行われた調査（1）では、**グループウォーキングがうつ病治療に効果がある**という結果が見られました。ひとりではなく、集団で歩くグループウォーキングで効果があったということは、**誰かと歩くことが心によい効果をもたらした**と考えるべきでしょう。

また、室内で座って行うのではなく、屋外を歩きながら行うカウンセリングもあります。

Walking
たいへんなんだよねー
そうなんだー

開放的な広い空間に身を置き、適度に体を動かすことでリラックスでき、スムーズに話すことができるという考えにもとづくウォーキングカウンセリングです。もし、本音を聞き出したい相手がいるなら、まずは散歩に誘ってみてはいかがでしょうか。

keyword

①調査
この調査は、イギリスでウォーキングイベントを主催する「Walking for Health」の協力によって実施されたもの。ネイチャーグループウォーク（自然の中を誰かと一緒に散歩する）に参加した1991人を対象に、ウォーキング前後のストレスの変化を調査。ウォーキングによるリラックス効果を確認した。

16

psychology

旅行はノープランのほうが思い出に残る

感情が動くと記憶に残りやすい

旅行に行くとき、事前にしっかり計画を立てて行く人、行きあたりばったりで、その場の流れや偶然を楽しむ人、それぞれだと思います。

ですが、強く**記憶**（1）に残りやすいのは、行きあたりばったりな旅のほうです。それは、ノープランな旅はハプニングやトラブルがつきものだから？　もちろん、そういう側面もありますが、それだけではありません。

行きあたりばったりだと、旅先の現地でさまざまな判断をくださないといけません。**その判断が、そのときの感情と結びつき、記憶に残りやすい**のだと考えられます。

つまり、**記憶と感情には強い関係がある**のです。

アメリカの科学者ラリー・カーヒル氏と**ジェームズ・L・マッガウ**（2）氏は、感情に訴えかけるストーリーと、そうでもないストーリーのどちらが被験者の記憶に残りやすいかを調べました。

すると、感情に訴えるもののほうが記憶しやすい、ということ

keyword

（1）**記憶**

記憶は心理学において重要な分野であり、さまざまな研究が行われている。たとえば、ショッキングな出来事が鮮明に記憶される現象について、社会心理学者ロジャー・ブラウン氏はフラッシュを用いて撮影した写真のたとえで説明した（フラッシュバルブ記憶）。一方、心理学者のウルリック・ナイサー氏は「ショッキングな出来事はメディアで何度も紹介されるため、記憶が強化されていく」と主張している。

がわかったのです。

感情に訴える＝感動的というわけではありません。もちろん、感動的で泣ける話は記憶しやすいのですが、笑えた話や恐怖を感じた話、腹が立った不快な話なども記憶に強く残ります。

よい方向だけでなく悪い方向も含めて、人間の脳は感情に訴えた出来事を優先して記憶するようになっているのです。

情報と感情はセットになる

2005年にアメリカ国家科学賞を受賞した心理学者ゴードン・バウアー（③）氏は、記憶の分野における偉大な研究者で、彼もまた、記憶と感情の関連性を重視しました。

バウアー氏は、情動と情報（④）は一緒に記憶の中に貯蔵されると考えました。つまり、**「○○が起きたとき、こういう気分だった」というような形で覚える**というのです。

たとえば、子ども時代の運動会の思い出だと、「両親と一緒にお弁当を食べて楽しかった」「50メートル走で転んで悔しかった」

keyword

② ジェームズ・L・マッガウ
カリフォルニア大学の神経科学者。これまでの人生のすべてを記憶する驚異的な記憶力を持つ女性を研究、調査し、「彼女の能力は本物」と発表して世間をにぎわせた。

③ ゴードン・バウアー
アメリカの心理学者。記憶、学習、行動理論について研究を行った。認知科学者のジョン・アンダーソン氏と共同で、HAM（Human Associative Memory）と呼ばれる、理解の過

というように、出来事と感情がセットになるのです。

「運動会でこういうことが起きた」という出来事だけでなく、「そのとき、こういう気持ちだった」という感情が一緒になって、強く結びついた状態になっているのですね。

最初の例でいえば、ノープランの旅は「旅先で出会った家族に和まされた」「偶然、見た夕日がきれいで感動した」など、**予想しなかったことにたくさん遭遇するのだから、そのぶん感情が動くことも多い**はずです。

そう考えると、ある程度の行きあたりばったりな旅も、悪くはないものですね。好きな人と旅行をするならば、**現地に行ってから一緒に考えたり、その場の偶然を楽しんだりするほうが、あとから〈ふたりの思い出〉として、記憶に残りやすい**でしょう。

ただし、その記憶はよいものばかりとは限りません。

場合によっては、「旅先でダマされて悔しかった」「ホテルがとれなくて野宿するハメになって怖かった」という、**ネガティブな感情とセットになってしまう場合もあるので、まったくの無計画は危険**ですよ。

程に関する理論をつくり上げている。

④ 情動と情報

バウアー氏は、情動（感情の動き）と情報は一緒に記憶されると考えた。感情と記憶は結びつくため、幸せな気分のときはポジティブなものを記憶しやすく、不幸な気分のときはネガティブなものを記憶しやすい。また、幸せなときは過去の楽しい記憶を思い出しやすく、不幸なときは過去の悲しい記憶を思い出しやすい。

17

psychology

〈隠れナルシスト〉の男性こそ女性にモテる

〈隠れナルシスト〉はロマンチスト

ナルシスト①の男性は、女性に嫌われる傾向があります。**「自慢話が多い」「自分の話ばかりする」「自意識過剰②」「自分の非を認めない」**といった、自分のことが大好き過ぎる点が、女性にけむたがられる理由でしょう。

自分が好きなのは悪いことではありませんが、度を超すことによって相手を軽視したり、自分以外に興味がなかったり……。そんな**自己中③**な男性は、やはりモテませんよね。だから、表立って「ナルシストだ」とわかる男性は、人気がないわけです。

ですが、**〈隠れナルシスト〉は違います。ナルシストの悪い部分は見られないけど、よい部分はしっかり持っています。**

ナルシストのよい部分というのは、前述したように**自己評価④**が高く、自分を大事にする人。自分を大事にする人は、基本的に相手にも優しいのが特徴です。また、ロマンチストな人が多く、プレゼントを贈って貢いだり、**「君はぼくの天使になりたい」なんて甘い言葉を自然に使うことができる人**でもあります。

keyword

① ナルシスト

「ナルシシスト」ともいう。もとは自己を愛し、性的な対象とみなす状態を指す言葉。そこから転じて「自己陶酔」や「うぬぼれ」といった意味で使われる。語源は、ギリシャ神話に登場する美少年のナルキッソス。水面に映る自らの姿に恋をし、恋い焦がれて死んだというエピソードに由来している。

② 自意識過剰

自分自身に関する事柄に対して過剰に意識し、反応する人。自分

〈隠れナルシスト〉は女性の願望を叶える

女性は言葉にとても敏感です。10代の若者の認知能力に関する調査から、**女性は言語能力、連想記憶力、知覚速度がすぐれている**という結果が出ています。

また、脳科学の観点からも、女性は男性に比べて言語能力が秀でていることが実験であきらかになっています。

順天堂大学名誉教授の新井《あらい》康允《やすまさ》氏が、ＭＲＩ（磁気共鳴映像装置）を使って調査した結果、言葉を理解しようとするとき、基本的に男性は左脳だけを使っていましたが、多くの女性は左右の両脳を使っていたことがわかったのです。

右脳は、音楽や絵画などの芸術的な分野の処理を行う脳。その**右脳も使っていたということは、女性にとっては「言葉」も芸術的なもの**なのかもしれません。

そして、両脳を使うことが影響しているのか、**女性は言葉に対して敏感で、抽象度の高い言葉を好む傾向もある**のです。

「ロマンチックな言葉でほめられたい」「甘い会話を交わしたい」。

keyword

が周囲からどう思われているか、必要以上に気にする。「よく見られたい」との意識が強いため、上がり症になってしまう人も多い。相手が自分にプラス感情を持っていると勘違いすることも多く、トラブルのもとにもなる。

③ 自己中

「自己中心的」の略。世の中は自分自身が中心であり、世界中の物事すべては自分を中心に動いていると解釈する人。または、他人のことを配慮しない言動が目立つ人のことも指そんな願望を抱く女性は、多いことでしょう。しかし、なかなかその願望に応えてくれる男性はいません。そこでスポットを浴びるのが、〈隠れナルシスト〉の男性なのです。

アメリカの心理学者キースラー氏らの実験では、**自分に自信がある男性は、魅力的な女性に対して積極的にアプローチする**こともわかっています。

実験では事前にテストを行い、男性たちを自己評価の高いグループと低いグループに分けました。その後、彼らにメイクや衣装で美しく変身した女性と、そうでない女性を対面させます。

すると、「自己評価が高い男性ほど魅力的な女性にアプローチする」ことがわかりました。**自分自身の評価が、自信を持って異性にアプローチできるかどうかに影響を与えている**のです。

ナルシストの男性は自信家。

ですから、女性の望む言葉を使って、自信たっぷりに愛をささやくことができるのです。そんな男性が、女性にモテないわけがありませんよね。

す。本人は自己中であることを自覚していない場合が多い。

④ 自己評価

自分について、自分自身で評価をくだすこと、またはその評価自体のこと。反対語は「他者評価」。「自己評価が高い」「自己評価が低い」などと用いる。「他人から自分に対する評価を得て、自己肯定感を持つ」ことを指す場合もある。

18

psychology

コミュニケーションでは〈話す内容〉より〈使う言葉〉が重要

フレーミング効果
同じ内容でも提示のされ方によって
意思決定が異なる
1/3の確率で
600人が助かるが
2/3の確率で
全員死ぬ
200人が
助かる

少しの違いで印象はガラリと変わる

午前中、すぐに返事できないような質問を受けたとします。

「夕方、返事する」という内容を相手に伝えるのに、あなたはどのような言葉を使うでしょうか。

言葉遣い①1つで、相手へ与える印象はまったく異なってきます。 たとえば、「夕方までに返事します」よりも「17時までに返事します」と答えるほうが、信頼度は高まるでしょう。

「夕方」というふわっとした言葉よりも、「17時」という具体的な数字が入っているほうが、「確実に返事する」という気持ちが相手に伝わる上、スケジュール管理がきちんとできている人、というプラスの印象を与えます。

また、**少しの違いが、印象をポジティブ②にもネガティブ③にも変えます。** もし、何かを相手にお願いしたいとき、どのような言葉を使うでしょうか。

たとえば、「○○してください」と「○○していただけませんか?」。「~してください」という命令形の言い回しである前者は、

keyword

① 言葉遣い

物の言い方、言葉の選び方のこと。単に「言葉の選び方」を指すのではなく、言葉を選んだ人物の内面をも表現すると考えられている。たとえば、「言葉遣いは心遣い」などともいわれるように、言葉選びには、個性や人柄が非常に強く反映される。

② ポジティブ

物事をよい方向に考えること。肯定的、積極的、楽観的、前向きなこと。ネガティブの反対語。長所に目を向ける傾向があり、困難に

敬語であるにもかかわらず威圧感があり、相手によっては不快感を与えてしまうおそれがあります。

一方、後者は語尾を「〜していただけませんか？」という依頼形にすることで、相手に意向をうかがう、やわらかい表現になっています。ただし、「〜できませんか？」という否定的な表現は、少し後ろ向きな印象を与えてしまう場合も。

そこで、「○○をお願いできますでしょうか？」とすれば、相手に寄り添いつつ、前向きな印象を与えることができるでしょう。

誰もが自分を中心に考えてしまう

提示された内容は同じなのに、選択や行動に違いが出ることを、心理学では**フレーミング効果**④と呼びます。**その事柄に対する自分の認識（決定フレーム）によって、結果が異なる**のです。

1979年、心理学者**ダニエル・カーネマン**⑤氏とエイモス・トベルスキー氏が行った実験では、ほぼ内容が同じ選択肢を、言葉を変えて被験者に提示しました。

keyword

直面しても屈することなく、強い意志を持って前進するような、比較的よいイメージを示す。度が過ぎると、自己中心的な面が目立つこともある。

③ネガティブ

物事を悪い方向に考えること。否定的、消極的、悲観的、後ろ向きなこと。ポジティブの反対語。短所に目を向ける傾向があり、マイナス思考であったり、イヤなことからすぐに逃げたりするような比較的悪いイメージを示す。冷静でコツコツと努力する面もある。

600人の人を助けるためのプログラムを実行するというもので、被験者には、A案「200人が助かる」、B案「3分の1の確率で600人が助かるが、3分の2の確率で全員死ぬ」という2つの選択肢を提示しました。すると、A案を選ぶ人が約70%もいました。

また、C案「400人が死ぬ」、D案「3分の1の確率で誰も死なないが、3分の2の確率で600人死ぬ」という選択肢を提示。すると、D案を選ぶ人が約80%にも達したのです。

ほぼ同じ内容にもかかわらず、これほど結果に差が出たのは言葉の違いが原因です。

「死ぬ」というマイナスの言葉と、「助かる」「死なない」というプラスの言葉。自分を中心に置くと、どちらの言葉に強く影響されるか、理解できるのではないでしょうか。

基本的に、誰もが自分を中心に考え、動きます。**コミュニケーションの上でも、話し手はどうしても聞き手側が受ける印象や気持ちを忘れがち。**ですが、「言葉1つで、相手に与える印象は大きく異なる」ことを忘れず、上手にプラスとマイナスの言葉を使い分けるようにしたいですね。

④フレーミング効果
論理的には同じような内容であっても、問題や質問の提示のされ方によって意思決定が異なる現象。物事のどの部分を基準にするかという「自己の参照点（基準点）」との対比によって比較が行われるため、絶対評価とは違った判断になる可能性がある。

⑤ダニエル・カーネマン
アメリカの心理学者、行動経済学者。2002年ノーベル経済学賞を受賞した。

19

psychology

3タイプの友人をつくれば人生が豊かになる

「理想」「双子」「鏡」の3タイプ

「よい友だちをつくると、人生が豊かになる」といいます。心理学者ハインツ・コフート①氏は、「理想になる人」「双子のような人」「鏡のような人」の3タイプの人を、それぞれ友人にするといいと提唱しました。3つを兼ね備えた人がいればいいのですが、そんな人はいません。ですから、それぞれ別の3人の友人に、役割を分担してもらうのです。

「理想」の人は、「こんなふうになりたい」と憧れる相手のこと。相手に対し、ジェラシーをともなう場合もあります。「双子」は、同じような苦楽を経験した人。共感できる相手ともいえます。そして「鏡」は、自分の成長を映してくれる人。あなたの成長を認め、伸ばしてくれる相手です。

友人をこの3タイプに分けて、それぞれの役割を果たしてもらうように付き合えば、自分にとってプラス

自分の成長を映してくれる人

苦楽を共有できる存在

憧れ・ジェラシーの対象

Best 3 friends

になる、よりよい友人関係を築くことができるでしょう。

この「理想」「双子」「鏡」の友人は、いずれも自己愛（②）を満たしてくれる存在。そんな友人たちに囲まれていれば、あなたの人生も豊かになるというわけですね。

keyword

① ハインツ・コフート

オーストリア出身の精神科医、心理学者。自己愛の研究に力を入れ、自己愛の発達・障害を中核に据えた自己心理学を提唱。

② 自己愛

自分自身を対象とした愛。「ナルシシズム」ともいう。自己愛が強過ぎると、自分に陶酔したり、自分に対して甘くなったりすることがある。

20

psychology

年配の人と打ち解けるには〈ゆっくり話す〉を心がける

「早さ」も「速さ」も変わってくる

学生だったころと比べて、「1年が早い」と感じる人は多いでしょう。実は、そんな時間感覚の変化について、心理学の面からも研究されています。

千葉大学の一川誠《いちかわまこと》教授による実験があります。

4～82歳の3500人に、「3分」と感じた時点でボタンを押してもらいました。すると、**年齢が高くなるほど、3分を大きく過ぎた時間でボタンを押す傾向が見られた**のです。

当然ですが、時間は一定。**ジャネーの法則（①）**などいくつかの説がありますが、**加齢によって時間感覚は遅くなります。**つまり、若い人は「30分たった」と思っても、実際には20分しかたっていないのに対し、年配の人が「30分」と感じたときには50分から1時間が経過している場合も。「時間が飛ぶように早い」と感じるのも、無理はありません。

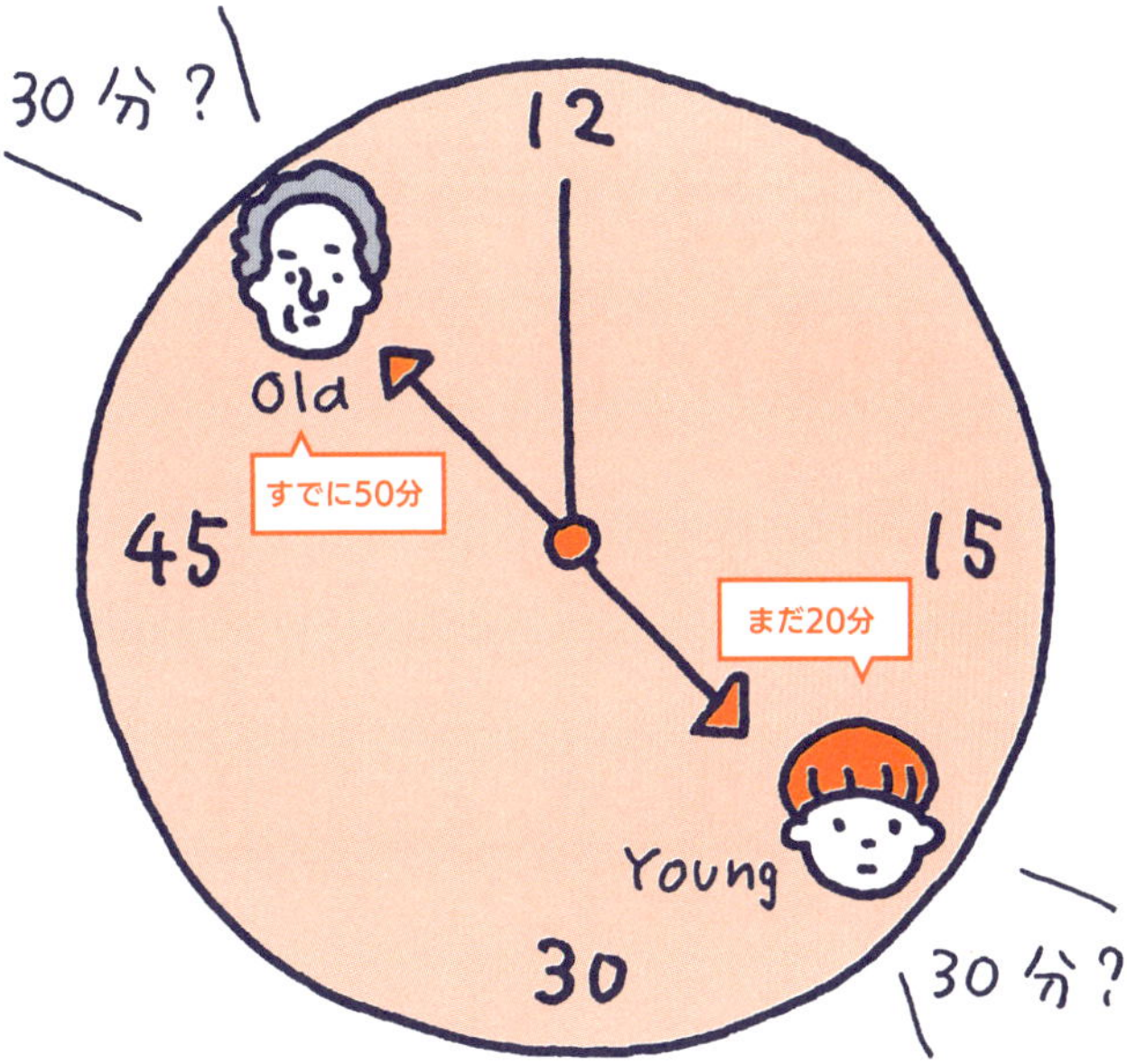

これは、体感時間も同じこと。**若いころと同じようなスピードで何かが行われると、「速い」と感じる**のです。

年配の人と話をする場合には、若い人よりも〈ゆっくり〉を心がけましょう。「あの人の話しかたは聞きやすい」と、印象がよくなりますよ。

keyword

①ジャネーの法則

19世紀のフランスの哲学者、ポール・ジャネ氏が発案したもの。「時間の心理的長さは年齢の逆数に比例する」という法則。50歳の場合、1年の長さは人生の50分の1だが、5歳なら5分の1。つまり、50歳の10年間は5歳の1年間と同じというもの。この説には反対意見も多い。

column 05

相手に対する評価は、自尊感情の表れ

誕生日が同じだと評価が甘くなる!?

実験

実験内容

1
心理学者のフィンチ氏らによって行われた実験。被験者に、帝政ロシア末期の怪僧・ラスプーチンを、「皇后にとり入って権力を手にした悪党」として紹介した文章を読ませる。

2
ラスプーチンとの結びつきを感じさせるため、半数の被験者の文章には、ラスプーチンの誕生日が被験者の誕生日と同じだと、ウソの記載がされている。

3
「よい人物か」「有能か」「好きか」「力強いと思うか」の項目で、被験者にラスプーチンを評価してもらう。結びつきができた場合、評価にどのような変化が出るかを調べた。

解説

誕生日が一緒だというだけで、その人が身近に感じることはありませんか？　関わりができた人物の評価が甘くなるかを、あきらかにした実験です。

結果

4つの項目すべてで、誕生日が同じだと思い込んだ被験者は、誕生日が同じでない被験者と比べて、ラスプーチンに対する評価が高くなりました。とくに、「有能か」「力強いと思うか」の項目では、誕生日が同じではない被験者の約2倍、高評価でした。

考察

「虎の威を借る狐」ということわざがあるように、自分と結びつきがある人の評価が高いと、自尊感情が高まります。今回紹介した実験では、〈誕生日〉という結びつきができたために、自尊感情を維持しようとして評価の低いラスプーチンを肯定的に見た結果だと考えられます。心理学では、評価の高い人と関わり、自尊感情を守ることを「栄光浴」といいます。

関連実験
イヤな人には共感せず

相手との結びつきができないと、逆に冷たく扱われてしまうという実験があります。

被験者と実験者のふたりでゲームをしてもらい、実験者は被験者に好印象、または悪い印象を与えるように振る舞います。その後、実験と称して一緒にゲームをした実験者が電気ショックを受ける様子を観察させ、被験者の脳活動を調べました。結果、被験者が悪い印象を持った実験者ほど、被験者の脳の活動が小さい（ショックを受けない）ことがわかったのです。

21

psychology

やる気を上げたいなら報酬や環境の改善よりも周囲からの注目が重要

環境の改善は生産性向上につながらない

人は誰でも評価されたり、注目されたりするとうれしいもの。**目立ちたがり屋じゃない人でも、自分ががんばっている姿を見られるのは、イヤなものではない**でしょう。

シカゴ郊外にあるホーソン工場で行われた、とても有名な実験・**ホーソン実験**①も、このことを証明しています。

ホーソン実験は、1924年から電気機器の企業である**ウェスタン・エレクトリック社**②のホーソン工場で行われました。実験の当初の目的は、工場の照明の明るさと、作業効率の関連などを調べること。つまり、仕事のための環境を物理的に改善することで、作業効率が上がることを証明しようとしたのです。

たしかに、照明を明るくすると生産性は上がりましたが、照明をもとに戻したり、初めより暗くしたりしても、生産性は上がったのです。また、従業員に支払う報酬や休憩時間を改善しても、生産性は上がりました。

生物学と環境衛生を専門にするマサチューセッツ工科大学のク

keyword

① **ホーソン実験**
1924〜1932年に行われた、一連の研究。「ホーソン研究」とも呼ばれる。この実験で発見された、注目されることで生産性が上がる効果を〈ホーソン効果〉と呼ぶ。

② **ウェスタン・エレクトリック社**
現存していない会社だが、実験当時はホーソン工場で2万9000人ほどの従業員を抱える大手だった。ホーソン工場では、電話機や電話関連機器を製造。先進的な人事方針を採

レア・ターナー（③）教授は、1927年にこの実験に加わり、**休憩時間を長くすることなどは従業員の精神状態にプラスの影響を与えるものの、それ自体は生産性向上の原因にはならない**と見抜きました。そして、実験の対象となる少人数グループが、「自分たちが実験を通じて注目されている」ことを、強く意識していることに気づいたのです。

また、ターナー教授と同じく、実験に途中から招かれたハーバード大学の心理学者エルトン・メイヨー（④）氏も、**被験者たちが注目を集めることを楽しみ、この実験のプロジェクトへの参加意識が芽生えている**のではないかと考えました。

「自分は注目されている」という実感が大事

従業員たちにインタビューなどを行い、直接、彼らの声を聞いたメイヨー氏は、ついに生産性向上の秘密をつきとめました。そして、「仕事の満足度や生産性を左右するのは、物理的な作業条件よりも、作業者間の協力や価値の実感である」という結論を出

keyword

用し、ホーソン実験も進んで受け入れた。

③ クレア・ターナー

マサチューセッツ工科大学の教授。公衆衛生の教育研究におけるパイオニアとして知られる。第二次世界大戦中は、後のアメリカ副大統領ネルソン・ロックフェラーの衛生教育スタッフのチーフとして働き、戦後は全米ポリオ財団で活動した。

したのです。

つまり、**実験が行われることで、従業員たちが「自分たちは上司や研究者から注目されている」と意識し、それによってモチベーションが上がり、仕事の生産性が向上した**のです。

仕事場の環境や給料をよくすることも、もちろん重要ですが、**「自分の仕事はちゃんと評価され、注目されている」と働く人が思えることが大事**なのですね。

もし、あなたが仕事で部下を持つ立場なら、「がんばって仕事しているところを、ちゃんと見ているよ」というメッセージを、なんらかの形で部下に伝える必要があるでしょう。

なお、メイヨー氏は「グループのメンバー同士がコミュニケーションをとって協力することで、グループの結束が強くなった」ということも結論で述べています。

どんな会社であろうと働いているのは人間なのですから、人間関係が良好でないと仕事はうまくいきません。**仕事においては技術的な面だけでなく、人間関係の面も大事**だということが、改めてわかりますね。

④ エルトン・メイヨー

心理学者。アデレード大学で、医学と心理学を専攻した。ホーソン工場での実験に参加する前の1923年には、フィラデルフィアの紡績工場で、作業条件と生産性の関連性についての実験を行っている。生産性を高めるためには、従業員のモラルや人間関係が重要であると考える「人間関係論」を、ホーソン実験をともに行ったフリッツ・レスリスバーガー氏と提唱した。

22

psychology

笑顔の人は無表情の人より20倍も注目される

メラビアンの法則

笑顔だと
第一印象good！

ミラーリング効果

自分が笑えば
相手も笑う！

人間関係をよくする最大の武器

笑顔①でいると、いいことがたくさん。たとえば、ストレス解消、老化防止、免疫力の向上といった健康効果があるといわれるほか、睡眠の質がよくなるとも。

ですが、**笑顔の一番のプラス面は、人から好印象を持たれたり、人間関係が円滑になる**ことでしょう。

アメリカ・テキサス州のテキサスA&M大学では、次のような実験が行われました。500人以上の男性に、さまざまな女性が男性と話をしている様子の映像を見せます。

その後、「女性についてどう思ったか?」と男性にたずね、登場した女性を評価してもらったのです。すると、「20度ほど男性に前傾になる」「組んだ足が男性の足を向いている」「男性の目を見つめる」など、男性との距離を縮めるような仕草を見せた女性に高評価が集まりました。

そして、同じく**高評価を得たのが「にこやかに笑う」「笑いながら男性にタッチする」といったもの。男性は〈笑顔の女性〉に好**

keyword

① 笑顔
ほほえんでいる顔のこと。「笑う門には福来たる」ともいわれるとおり、笑顔でいるとプラス面が多い。心からの笑顔ではなく、つくり笑いでも効果はある。イェール大学のシュワルツ教授の実験では、電気の刺激で顔の筋肉を動かし笑顔をつくると、「楽しい」という気持ちに変化することを発見した。

② 第一印象
出会って数秒、長くても数分程度で持つイメージ。恋愛、ビジネ

感を抱いたのです。

もう1つ、イギリス・アバディーン大学のリンデン・マイルズ博士が行った実験をご紹介しましょう。マイルズ博士は、男女40人に対し、男女3人ずつのモデルの写真を見せて、反応を調べました。結果、**写真の顔が笑顔だったときと、無表情だったときとでは、笑顔の写真のほうに20倍もの注目が集まりました。**

笑顔でいると、それだけでたくさんの人から見られ、注目されるようになるのですね。

男女問わずその傾向はありますが、とくに男性は女性の笑顔に敏感で、その笑顔を大切なもの、好感度の高いものとみなす傾向があります。**結婚生活の中で、夫は「妻が笑顔を見せてくれること」を〈報酬〉だと感じる**ことなども知られています。

自分が笑顔になれば、相手も笑顔になる

「男性は笑顔の女性が好き」ということを、さまざまな場面で生かせば、男性の心をつかむこともできます。

keyword

スなど、すべてにおいて第一印象で好感を持たれることは非常に重要で、その後の関係を有利にするとされる。

③ メラビアンの法則

人物の第一印象は、初めて会ったときの3〜5秒で決まるという法則。話す内容などの「言語情報」はたったの7%に過ぎず、口調や声、話すスピードなどの「聴覚情報」が38%、服装や表情、仕草などの「視覚情報」は55%を占める（諸説あり）。つまり、視覚情報に気をつければ、第一印象を飛躍的によくすることが

まずは、**第一印象②**を考えましょう。アルバート・メラビアン氏が提唱した**メラビアンの法則③**というものがあります。これは、相手に与える印象の比率を示したもので、視覚情報が実に55%を占めています。

出会って数秒~数分の間に、見た目でプラスイメージを与えることができれば、第一印象がグッとよくなります。つまり、男性に初めて会うときは、笑顔でいることが基本ですね。

また、**ミラーリング効果④**にも笑顔は応用できます。ミラーリング効果は、鏡のように相手の動作をまねることで、相手に「この人は自分と似ている」と思わせるテクニック。

自分と似ている人には、共感や好感を抱きやすいもの。異性間の場合は、恋愛感情が芽生えることもあります。とくに、**相手と笑顔のミラーリングをすると、グッと距離を近づけることができる**はずです。

この場合、**相手より先に笑顔をつくることがポイント。**まずは自分が笑顔でいれば、自然と相手の男性も笑顔になり、関係はどんどん深まっていくことでしょう。

できる。

④ミラーリング効果

相手の仕草や表情、話し方、動作をまねること。または、似たような仕草や動きをする相手に好感を抱く効果のこと。本来は、尊敬や好意の気持ちが無意識的に表層に出ることで、自然と同調するものだが、意図的にまねても同じ効果がある。あまり露骨にまねると、反感を買うおそれもあるため、意識的にミラーリング効果を狙う場合は、あくまでも自然に行うことが重要。

23

psychology

子どもができたあとは離婚しやすい

産後に離婚を考える妻は多い

「子はかすがい」ということわざがあります。かすがいとは、木材と木材をつなぐ金属製の部品で、建築で使われるもの。つまり、木材と木材をしっかりくっつけるかすがいのように、子どもは夫と妻をつなぐというのが、このことわざの意味です。

ですが、**子どもが生まれたあとこそ、夫婦の危機が訪れる可能性が高い**というデータもあるのです。

産後ケア①の重要性を広く世に訴えることを目的としたNPO法人マドレボニータ②は、出産をひかえた女性にインタビューし、それから6カ月後の出産後、同じ女性に再びインタビューをするという調査を行っています。

質問のテーマは、夫の態度や理解、協力について。その中で、離婚を考えたことがあるかも聞いています。結果、**半数以上の女性が「産後に離婚を考えたことがある」と回答した**のです。

赤ちゃんを迎えて幸せいっぱいと思われがちですが、**慣れない子育てや、理解もサポートもしてくれない夫の態度から、夫婦関**

keyword

① 産後ケア

出産を通じて心や体の状態が変わり、環境の変化によって大きな負荷がかかる女性をサポートすること。妊娠中の女性にケアが必要なことは広く知られるが、出産後の女性もケアが必要なことは、あまり知られていなかった。日本産後ケア協会は、出産前後だけでなく、子どもが社会人として自立し、子育てが終わるまで長期にわたりサポートする「産後ケアシステム」を提案している。

係に行き詰まりを感じる女性が多いのです。

一方、マドレボニータは、男性側の声もとり上げています。「妻の産後に大変だったこと、辛かったことは何ですか？」という質問に対して、「妻のイライラした態度」「自分の時間がつくれない」「母親（妻）には到底、かなわない」などと、夫側は答えています。これらの答えからは、妻だけでなく夫も出産にともなう生活の大きな変化にとまどっている様子がわかります。

子どもが生まれたことでの変化といえば、性生活への影響もあるでしょう。妊娠中も産後も、それどころではなくてセックスをひかえたい妻に対して、夫のほうはセックスを拒まれて性欲を持て余すという夫婦間のすれ違いはよく聞く話ですが、欲求が満たされず浮気してしまう夫もいます。

産後、女性は攻撃的になる

また産後、急激に夫婦仲が険悪になる理由として、プロラクチン③の存在も考えられます。

keyword

②マドレボニータ

マドレボニータは、スペイン語で「美しい母」という意味。産後を見据えた体づくりや産後のボディケアを目的とした教室、ワーキングマザーのためのサロンなどを開催している。

③プロラクチン

母乳の分泌の促進、出産後の母体の回復など、赤ちゃんを育てる上で重要な役割を果たすホルモン。母親の恐怖心や不安を抑制する効果もあり、いざというときは自分の危険をかえりみず、子どもを守ろプロラクチンは妊娠を維持したり、母乳を分泌したりする作用のあるホルモンですが、**女性の場合は赤ちゃんを守るため攻撃的になるという作用もある**のです。このとき、妻が攻撃的になる対象には夫も含まれます。

このことを知らない夫からすると、「妻の人間性が急に変わってしまった」「攻撃的になって、今までとは別人だ」と思えてしまうでしょう。

一方、妻からしたら、妊娠・出産と肉体への負担が続いた上に、授乳や夜泣きで夜も寝られない日々が続くのですから、肉体的にも精神的にも夫の何倍もハードで、夫にはかまっていられない、ということもあるでしょう。

こうした**さまざまな条件が重なり、産後の夫婦の危機〈産後クライシス〈④〉〉が訪れる**のです。

産後クライシスは、50年前の心理学にも登場するテーマであり、昔から、夫婦を悩ませていた問題だということがわかります。簡単な解決策はありませんが、産後に危機がやってくる可能性が高いことは覚えておくべきでしょう。

うとすることができる。プロラクチンは男性にも分泌し、男性の場合は攻撃性が弱まる、性欲が抑えられるなどの形で作用する。

④ 産後クライシス

出産後2年以内に夫婦に訪れる危機を表した造語。厚生労働省が母子家庭を対象に行った調査では、死別・未婚の母を除いて、産後2年以内の時期に母子家庭になる割合が一番多く、産後クライシスは多くの夫婦に訪れる。

24

psychology

火事場では〈筋力〉だけでなく〈知能〉も上がる

追い詰められると、がんばれる

「**火事場の馬鹿力（①）**」という言葉があります。

一大事が起きたとき、普段なら絶対に出ないようなパワーが出ること。**一般的に、筋力面でのパワーアップをいいますが、実は知的な面も向上する**のです。

ある実験で小学生を2つのグループに分け、Aグループには制限時間を決め、計算問題を解いてもらいました。Bグループには、好きなだけ時間を使って解いてもらいました。

結果、Bグループのほうが時間に追われず自由だったにもかかわらず、Aグループのほうが、正答率が高かったのです。実験から「**人間は追い詰められると、知的な面でも普段より高い力が発揮できる**」ことがわかります。

この結果は、実は脳の働きと関連しています。**追い詰められたとき、人間の脳はその状態が「楽しい」「う**

火事場の馬鹿力

れしい」といった快感情と同じものだと判断します。そして快感を得ると、いつも以上に集中力が上がったり、真剣に打ち込んだりできるのです。

時と場合、頻度と内容によりますが、この脳の働きをうまく使えば、実力以上の力が出せるかもしれません。

keyword

①火事場の馬鹿力

筋肉や骨の損傷を防ぐために脳には普段、発揮できる力をセーブする働きがある。しかし緊急事態になると、その制限がなくなり全力を出せるようになる。その状態を指す。火事場の馬鹿力を出すと、鎮痛作用のある脳の神経伝達物質が分泌され、痛みを感じなくなる場合もある。

25

psychology

30~50代夫婦の旅行はお互いに惚れ直すチャンス

8割以上が夫婦のきずなを実感

結婚生活が長く続き、よくも悪くも安定してしまった……。そんな30~50代のマンネリ夫婦には、旅行に行くことをおすすめします。

成田離婚（①）という言葉もあるとおり、旅行がきっかけで破局してしまう夫婦もありますが、それはあくまで若い夫婦に多い例です。

若い夫婦は相手への期待値が高く、何よりもお互いに知らない点が多いため、旅行を通じて相手のイヤな点がより目につき離婚に至ってしまう、という場合がよくあるのです。

一方、**お互いのことを知り尽くした夫婦であれば、逆に旅行はお互いに惚れ直すチャンスとなります。**

世界最大のオンライン旅行会社エクスペディアが運営する日本人向けのウェブサイトで、30~50代の既婚の男女391人を対象に調査を行いました。

すると、**8割以上の人が「旅行を通じて夫婦のきずなが深まった」と答え**、年齢が上の人たちほど「**相手に惚れ直した**②」「相手に冷めなかった」と答えています。夫婦生活によい変化をもたらしたい場合は、久しぶりに夫婦で旅行に行きましょう。

keyword

① 成田離婚
1990年代後半の流行語。海外への新婚旅行から帰ってきた夫婦が旅先で見た相手の姿に幻滅して、帰国後すぐに離婚してしまうこと。

② 相手に惚れ直した
この調査で「どんなときに相手に惚れ直したか?」という質問への回答第1位は「疲れたときに気遣ってもらった」だったという。

26

psychology

日本の夫婦は相思相愛ではない

妻はあくまで愛情を与える側

生涯をともにするパートナーとは、相思相愛であるべきと考えるのが一般的ですが、ある調査では衝撃の事実があきらかになっています。

東京国際大学の研究チームが、325組の夫婦を対象に、夫婦間の愛情関係と抑うつ（①）傾向の関連性をさぐる調査を実施。結果、夫婦が相思相愛であれば抑うつの傾向は低くなり、夫婦間の愛情が希薄だと抑うつ傾向が高くなることがわかりました。

また、妻から夫への愛情が少ないことが、夫だけでなく、妻自身の抑うつ状態にまで影響を与えることもわかりました。**妻にとって「自分が夫を愛している」という事実は、「夫から愛されているか否か」以上に重要**であり、夫を愛せなくなった場合、妻自身も抑うつ状態になるのです。

ここからわかるのは、日本の家庭において、「妻は

あくまで愛情を与える側で、夫は愛情を受け取る側」というように、役割分担されているということ。

愛情を与え、与えられるのが理想的な夫婦ですが、実際はそうともいえないアンバランスな関係で成り立っているのが、日本の夫婦かもしれませんね。

keyword

① 抑うつ

ストレスなどの原因で気持ちが落ち込み、憂うつになって意欲が低下してしまう状態のこと。原因としては、男性は仕事上の失敗や挫折などが多く、女性の場合はプライベートや恋愛、家庭上の問題が多い。日本人の4人にひとりは、一生のうちで一度は抑うつを経験するともいわれている。

Chapter 03

自分をコントロールする

自己コントロールでストレスを脱する

モチベーション維持と気の持ちようでハッピーに!

「行動心理学」は、自分を見つめ直すツールとしても、たいへん有効です。**現在、置かれている状況や精神状態を俯瞰し、自分自身をコントロールすることで、余計なストレスから心を解放することができる**のです。

第3章ではビジネスや恋愛で、すぐにでも使えるアイデアをたくさん紹介しています。その前に、ここでは「モチベーション①を維持する方法」と、「何かにつまずいたときの切り抜け方」をいくつか伝授しましょう。

心理学用語に「自己強化」というものがあります。自分で自分を調教することをいうのですが、「ここまでやったら、こんなにいいことがある」「これを済ませたら、おいしいスイーツを食べよう」といった具合に、**人間は自ら設定した報酬②で、やる気を持続することができます**。また、「次にここまでやったら……」「その次には……」というように、ゴールを細かく設定(スモールステップ)すると、さらに効果を上げることができます。

物質的な自己報酬はモチベーションになり、自己コントロールが容易になります。ぜひ、お試しください。

keyword

①モチベーション
人が何かをする際の動機づけや
目的意識・やる気。

もう1つは、「内発的なところに、つねに立ち返る」ということ。

たとえば、誰しもお金だけの理由で仕事を続けているわけではありません。はじめは、その仕事に対する興味や愛情からスタートしているはず。それを、つねに思い返すことが自己コントロールのきっかけになります。

あるいは、「限定化する」のもいいでしょう。「仕事は何時まで」「このデスクでしか仕事をしない」というように、**意識的に自己限定する人のほうが、仕事の効率がいい**という統計的な結果が出ます。スマートホンやタブレットPCを持ち歩き、いつでもどこでも仕事ができる環境は、スタイリッシュで見栄えはいいのですが、効率が上がっているとは言い難いのです。

これは、仕事に限った話ではありません。恋愛もまた「限定化する」ことによって、その関係を長持ちさせることが可能です。

次に、問題を切り抜ける方法をお話ししましょう。

アメリカの臨床心理学者アルバート・エリス氏によって、1955年に提唱された「ABC理論」というのがあります。Aは出来事を意味する「アク

keyword

②報酬
作業の成功で与えられる対価としての物、ないし事象。

ティベーティング・イベント（Activating event）」。Cは帰結を表す「コンシークエンス（Consequence）」。その間に、Bの「ビリーフ（Belief）」、つまり考え方・信念というのがあります。

実は、他の動物にはAとCしかありません。Bがあるのは、動物の中で人間だけ。**人間は頭の中で解釈を変えることができ、それに伴い、結果も変わる**という理論なのです。たとえば、「ケンカをした（A）」のあとに↓「性格が合わなかった（B）」と解釈するか、「コミュニケーションが足りなかった（B）」と解釈するかによって、次に来る（C）が変わってくるのです。

「出来事は↓考え方を経由して↓初めて結果を生む」

何かイヤなことが起きたときなどは、気の持ちようで（Bを意識することで）落ち着きをとり戻し、違った結果が得られるようになります。

ほかにも、アメリカの精神科医・認知療法（③）学者アーロン・ベック氏が考え出した、**〈心の中を円グラフで表す方法〉が自己コントロールに有効**です。

たとえば、〈夫婦ゲンカ〉を考えてみてください。

keyword

③認知療法
認知の修正により症状の改善をみる心理療法。

Introduction 03

みなさん、どういったことでケンカをするでしょうか。言った・言わない、「約束が違う」や「その言い方がイヤだ」など……。考えれば考えるだけ、出てきますね。このようなときの心の円グラフは、「こいつはイヤなやつ」という気持ちが100％になっているかもしれません。

ですが、落ち着いて考えてみてください。100％というのは本当でしょうか？「よく考えたら、あの人風邪を引いてるわ」「子どもが受験で、夫をほったらかしにしてしまった」「エアコンが壊れて空気が悪く、イライラしていた」など、冷静になれば、さまざまなことが思い浮かんでくるはず。

そこで、相手があなたに対してイヤなことを言った理由を30個くらい挙げ、それぞれにパーセンテージをつけてみるのです。

エアコン故障12％、子どもに気が向いている18％、相手が風邪を引いている15％……。すると、**意外にも「こいつはイヤなやつ」という気持ちの割合が、わずかであることに気づくはず。**人間関係がすっきりしないときは、ぜひ試してみてください。思いのほか、ハッピーになれますよ。

01

psychology

異性が多い環境にいると婚期が遅れる

「ほかのものにすればよかったかも？」と後悔する
数多くの中から選ぶのはたいへん
ストレス
JAM
JAM
JAM
JAM
JAM

選択のオーバーロード

選択肢の多さ≠幸せ

選択肢が少ないほうが満足度は高い

「同性ばかりのオフィスだから出会いがない」「異性に囲まれた職場は恵まれている」など、出会いのチャンスを仕事場に求める場合、その男女比は大きな関心事になりがち。ですが、異性が多い仕事場というのは、本当に恋人や結婚相手を見つけやすいのでしょうか？　そのヒントとなる興味深い実験を紹介しましょう。

アメリカ・**コロンビア大学①**のシーナ・アイエンガー氏とスタンフォード大学のマーク・レッパー氏は、実際のスーパーマーケット内にジャムの試食コーナーをつくり、ある週末には6種類のジャムを、別の週末には24種類のジャムを並べて購買行動の反応を比較する調査を行いました。

店員に扮した実験者が、「試食コーナーに立ち止まる人の割合」「ジャムを購入した人の数」「購入後の満足度」の3つを測定します。すると、**立ち止まる人の割合②**はジャムが6種類の場合は40%、24種類の場合は60%でした。つまり、ジャムの種類が多いほど、多くの人が立ち止まる割合が高いということ。ここまで

keyword

① コロンビア大学
ニューヨーク・マンハッタンに本部を置く私立大学。全世界から優秀な研究者、留学生が集まり、ノーベル賞受賞者をこれまでに数多く輩出している。

② 立ち止まる人の割合
実験では通り過ぎる客に対し、声かけを行った。ジャムが6種類のときは、260人に声かけをして104人が立ち止まった。一方、ジャムが24種類のときは、242人に声かけをして、立ち止まったのは145人。

は予想できる結果ですが、問題は実際に**ジャムを購入した人の数**（③）。6種類で立ち止まった人のおよそ30％がジャムを購入したのに対し、24種類ではわずか3％にとどまったのです。

さらに後日、購入者に対してインタビューを行ったところ、6種類の中から購入した人は、24種類時の購入者よりジャムに対する満足度が高いことも、あきらかになりました。

これらの結果から、**人は選択肢の多い状況を求めるものの、「選ぶ（購入する）」「選んだ（購入した）ものに満足する」という視点では、選択肢が少ないほうがよい**ということがわかったのです。

こうした現象は、**選択のオーバーロード**（④）と呼ばれるもの。**「選択肢の増加が必ずしも、選択者の幸福につながるものではない」**ということを表しています。

恋人や結婚相手を探すために、より多くの出会いを求めるのも、就職を考えて高学歴にこだわるのも、せんじ詰めれば「将来のために選択肢を少しでも増やしたい」という思い。何事もがんばることはいいことですが、**〈選択肢の多さ＝幸せ〉とは言い切れない**ことを、心にとどめておきたいものです。

keyword

③ ジャムを購入した人の数

6種類のときは、104人中31人（およそ30％）。24種類のときは、145人中4人（およそ3％）だった。

④ 選択のオーバーロード

選択肢過多ともいう。人はより多くの選択肢を求める一方で、選択肢が増えるほどに迷い、選ぶという行為がストレスとなってしまう。ストレスを感じる理由の1つが、人は与えられた新しい情報を、9つくらいまでしか記憶

選択肢が多過ぎると、どれでもよくなる

選択のオーバーロードにより購入意欲が低下する原因は、多過ぎる選択肢を比較検討するだけの能力を、ほとんどの人が持ち合わせていないため。**たくさんの選択肢の中から1つを選ぶというのは、思う以上のパワーを要するもの**。選んでいる段階で疲れてしまい、「もういいや」という気持ちになってしまうのです。

また、**多くの選択肢から選んだあとの満足度が低い原因は、「ほかのものにすればよかったかも」という思いが頭をよぎり、ストレスになるため**。多くの異性と出会える環境にいながら婚期が遅れるのも、「もっといい人がいるのでは?」という迷いが消えないためでしょう。たとえ結婚に至ったとしても、「もし、あの人だったら違う展開になっていたかも」と、相手を否定しながら結婚生活を送ることにもなりかねません。

選択を後悔しないためには、自分の中で明確な価値基準を持つことが大切。「どちらがいいか」ではなく、「ここがいい」と考えるようにするとよいでしょう。

にとどめておけないという短期記憶に関わる問題。覚えられる限界を超えた選択肢によって、脳内の情報処理能力が追いつかず、選択自体を拒絶してしまう。また選択肢が多いほど、評価基準があいまいになり、自分の選択に自信が持てなくなる。人はさまざまな情報をもとに各選択肢を評価し、最適なものを選ぶが、選択肢が多いと1つひとつを評価しにくく、結果「これが一番いい」という判断がしにくくなる。なお、ジャムの実験での評価手段としては、試食が該当する。

02

psychology

待ち合わせにいつも遅れる人は1.5倍多く時間を見積もればOK

計画錯誤
必要な時間・金銭・労力を実際より過少に評価する
見積もりの
1.5倍
にすれば
ぴったり!!

7割は自己申告した時間に間に合わない

必ずと言っていいほど、待ち合わせ時間に遅刻する人がいます。また、仕事の納期が守れず、毎度トラブルを引き起こす人もいるでしょう。彼らだって、時間を守らないことが社会生活を営む上でルールに反する行為であることは重々、承知しているはず。にもかかわらず、時間が守れないのはなぜでしょうか。

カナダのウィルフリッド・ローリエ大学（①）のロジャー・ビューラー教授は、人間は課題完遂時間（②）を平均して最大40％も過小評価する傾向があると指摘します。

学位論文を書いている大学4年生、37人を対象にした実験では、「卒業論文の執筆に何日かかるか？」という質問に対し、順調に進んだという条件での見積もりは、平均27・4日間。何もかもうまくいかなかった場合の見積もりは、平均48・6日間でした。

ところが、**実際に執筆にかかった時間は、平均55・5日間。最悪の想定を、はるかに上回る時間を要した**ことになります。

なお、**自己申告した期限内に論文を書き上げた学生は、わずか**

keyword

① ウィルフリッド・ローリエ大学
カナダのオンタリオ州ウォータールーに本部を置くカナダの大学。創立は1911年。

② 課題完遂時間
与えられた課題を終わらせるまでに要する時間。学生であればレポート提出までの時間など、ビジネスマンであれば、得意先への見積書や企画書の提出期限などが当てはまる。待ち合わせにおける課題完遂とは、定時に待ち合わせ場所に着くことを指す。

3割。残り7割の学生は、課題完遂時間を見誤っていたことがわかりました。

こうした問題は、**計画錯誤（③）**（プランニング・ファラシー）と呼ばれ、知人にメールを送るという簡単な作業から、確定申告に必要な書類を準備するなどという面倒な作業に至るまで、その難易度にかかわらず、同じ傾向が見られるといいます。

そしてとても厄介なことに、この**計画錯誤は、人間の心理学上、もっとも変えるのが難しい行動パターンの1つ**だといわれているのです。

見積もり時間の1・5倍を確保する

では、移動時間の読み違いによる遅刻や、作業時間の過小評価による仕事の遅れといった計画錯誤を防ぐには、どうしたらよいのでしょうか。

より正確な時間の見積もりをする手段として、ビューラー氏は**傍観者の観点（④）**から課題を心に描くことが有効であるとして

keyword

③ 計画錯誤

これから行おうとする計画に際して、その実行に必要な時間や金銭、労力などの資産を、実際より過小に評価してしまうこと。計画錯誤を避けるためには、過去に同等の課題を行ったときの経験を生かし、そのデータを参考にするのが確実。また、やるべき課題を終えるまでの手順を正確に予測して、1ステップごとに評価するのも有効とされる。

います。つまり、**「自分自身が課題に取り組んだら……」と考えるのではなく、「この作業量だと、一般的にどのくらいかかるだろうか？」と客観的に考える**ことで、より現実的な所要時間の見積もりが可能になるのです。

そのほかにも、週間カレンダーを30分刻みにして、スケジュールを視覚化するといった方法もありますが、単純にしてもっとも効果的と思われるのが、**自分が見積もった時間の1・5倍の時間を確保する**こと。

たとえば、「この作業を終わらせるのに4日かかる」と思えば、作業時間を6日分確保しておく。「待ち合わせ場所まで1時間かかる」と思うなら、約束の90分前に家を出る。何事においても1・5倍で見積もるよう心がけるのが効果的です。ただし、せっかく1・5倍に見積もっても、着手が遅ければまったくの無意味。何事も早めに手をつけることが何よりも大切といえるでしょう。

ちなみに、**遅刻する人やギリギリまで行動に移せない人は、かまってちゃん⑤が多い**ようです。遅刻しても無視することが、もっともきつい罰になりそうです。

④傍観者の観点
課題完遂時間の過小評価については、自身の評価が甘くなりがちなことが原因の1つとして挙げられる。その事態を回避するには、「自分ではない第三者が課題に取り組んだ場合」という前提で、時間を見積もることで誤差を減らすことができる。

⑤かまってちゃん
心配してほしかったり、かまってほしいがために、周囲の気を引くような言動を繰り返す人。

03

psychology

「なぜなら」と考えることで半永久的に記憶できる

記憶の精緻化
“なぜなら”
情報①
小学生が
夜ふかししている
情報②
夏休みの宿題が
終わっていない

理由がわからないから覚えられない

約束や仕事内容などを忘れてしまい、友人や同僚とトラブルになったことがあるという人も多いでしょう。普段から「どうにも暗記は苦手だな」と感じている人に、試してもらいたいのが**記憶の精緻化《せいちか》①**です。

記憶の精緻化とは、情報と情報を「なぜなら」といった理屈でつなげて意味を持たせること。アメリカの認知心理学者**ブランスフォード②**氏らは、**精緻化により情報が半永久的に記憶に残る**ことを実証しました。

たとえば、「サラリーマンがネクタイを外している」「母親が早起きをしている」「小学生が夜ふかしをしている」という3つの情報。意味のわからない**情報なだけに、長期間にわたって記憶し続ける**のは難しいでしょう。

しかし、「サラリーマンがネクタイを外している（なぜなら、その日はクールビズデーだったため）」「母親が早起きをしている（なぜなら、遠足のお弁当をつくるため）」「小学生が夜ふかしを

keyword

① 記憶の精緻化
極めて詳しく、細かい様子。記憶における精緻化とは、覚えたい内容をほかの内容と結びつけること。語呂合わせで歴史の年号を覚えたり、例文や用法と合わせて英単語を覚えるという手法は、記憶の精緻化による記憶の定着を狙ったもの。

② ブランスフォード
アメリカ・バンダービルト大学の認知心理学者。学校で学んだことを、使える知識にするための「ジャスパー教材」の開発者。なお、

している（なぜなら、夏休みの宿題が終わらないため）」といった具合に「なぜなら」で理由をつける（緻密化する）ことで、記憶力は簡単に向上するのです。これは、記憶が「文脈③の設定」→「探索」→「確認」という手順によって想起④されるため。

被験者に、高校時代のクラスメイトの名前を思い出してもらうという実験によれば、被験者はまず「ボーカルが歌っていたときのことを思い出してみよう」という文脈の設定から始めました。次に、「あの曲を聴いていたとき、まわりに誰がいたか」という探索に入ります。最後に、「頭をよぎった人物が、クラスメイトであったか」という確認を行う。この3段階の過程は「想起サイクル」と呼ばれ、人が記憶を呼び覚ますメカニズムです。つまり、記憶は単体よりも、さまざまな事柄を関連づけることで思い出しやすくなるのです。

内容を理解して初めて頭に入る

「丸暗記をするよりも、意味の理解に努めたほうが記憶しやすい」

keyword

認知心理学とは、実験的手法によって心の理解を目指す実験心理学のこと。

③ 文脈

心理学における文脈とは、環境条件を指す。情報を覚えたときの環境と、思い出すときの環境が一致しているほうが、一致していないときよりも記憶の再生がしやすくなる。これを実証した有名な実験に、「覚えるときにかけていたBGMと、思い出すときにかけていたBGMが一致しているほうが、たくさんのというのは、よくいわれる話です。たとえば、次の文章を暗記するのは並大抵のことではありません。

「手続きは、まったく簡単である。まず、そのものをいくつかのグループに分ける。そのグループの数はするべき量に関係しており、適切な量にしなければならない。もし、そこに設備がなければ移動しなければならない。移動の必要がなければ準備は終わったことになる。あまりに多くの量を、やり過ぎないことが大切である。短期的には、これはそれほど重要でないように見えるかもしれない。しかし、すぐに厄介なこととなる。最初は手順全体が複雑に思えるかもしれない。でも、それはすぐに生活の一側面に過ぎなくなるであろう」

なぜ、この文章が暗記しづらいのかといえば、それは意味がわからないから。ブランスフォード氏らは、この文章を暗記させるにあたり、被験者に「衣類の洗濯」という意味を与えました。すると、**被験者のすべてが、この文章の要点を覚えられた**といいます。内容を理解しないまま、やみくもに暗記しようとするのは間違いだといえるでしょう。

なぜなら

ことを思い出せる」ということがある。

④想起

保持されていた記憶が、あとになって再生すること。記憶には「記銘（きめい）」「保持」「想起」という3つの段階がある。記銘とは情報を憶え込むことであり、保持は情報を保存しておくこと。そして、想起は情報を思い出すこと。記憶が保持されていることは、想起されて初めて確認される。

04

psychology

黒い洋服を着ると ウソをつくのが上手になる

服の色は着る本人にも影響を与える

黄色を見ると明るい気分になる、緑色を見ると気持ちが落ち着くなど、古くからいわれている色と心の関係①。実は、服の色の選び方次第で、自分自身の気持ちもコントロールできることをご存じでしょうか。

イギリスのある大学で行われた研究では、まず被験者を4つのグループに分け、それぞれに黒、白、赤、青のダウンジャケットを着て、1週間過ごしてもらいました。その後、子ども時代のエピソードを思い出してもらうと、赤を着ていた学生は楽しい思い出ばかりを語り、黒を着ていた学生は悲しい思い出ばかりを語ったといいます。この結果、赤い服は高揚感を、黒い服はネガティブな影響を与えることがわかりました。

また、別の実験ではウエディングドレスに代表される白い服には、テンションを上げる効果と自分自身に正直になる効果がある、という結果が得られています。

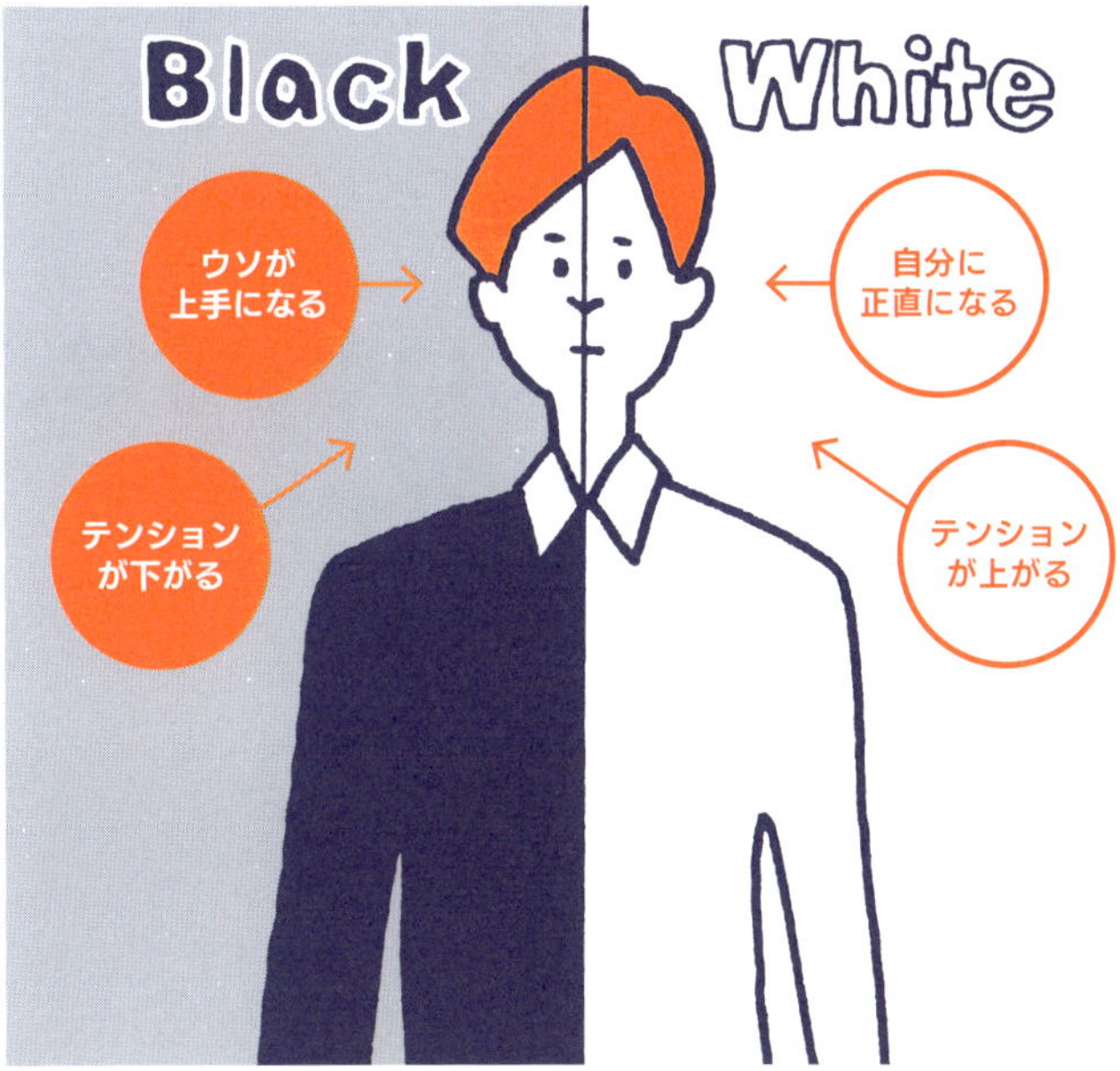

さらに、白い服と黒い服を着たグループに分かれ、ウソの話をつくらせたところ、**黒い服のグループのほうがウソの話をつくるのが上手だった**とか。「最近、どうも調子が出ない」と感じている人は、少々派手に赤や黄色の服を選んでみてはいかがでしょうか。

keyword

① 色と心の関係

たとえば、黒は一般的に不安や恐怖、絶望感をイメージさせるといわれる。反面、高級感や力強さといった印象も与えやすい。

逆に白は、清潔や純粋さをイメージさせる色であり、病院が白を基調としているのもそのため。赤は情熱や強さ、エネルギーなどを感じさせる色である。

05

psychology

トイレを我慢しているときは、よりよい選択ができる

目先の欲に惑わされなくなる

交渉事などで判断を迫られ、目先の利益にとらわれた結果、失敗したことはありませんか？ ベターな意思決定をするためには、どうしたらよいでしょうか。それは、トイレを我慢しながら考えることです。

ミリアム・トゥク博士らが行った、トイレの我慢と意思決定についての研究があります。被験者の半数に約700mlの水を、もう半数に50mlの水を飲ませます。45分後、「16ドルを明日受けとるか、30ドルを35日後に受けとるか」という選択を被験者に迫ります。すると、水を多く飲んだ（トイレを我慢している）被験者の多くが、「30ドルを35日後」を選んだといいます。

客観的に見れば、30ドルを35日後にもらったほうが、多くの利益が得られます。**トイレを我慢することで、「すぐに報酬がもらえる」という目先の利益にとらわれることなく、合理的（①）な選択を行った**ことにな

トイレに行きたい！
お金がほしい！
がまん
がまん

るのです。

これは、〈トイレを我慢する状態〉と〈目の前の報酬を我慢する状態〉が、リンクしたためと考えられます。

「今、自分は目先の欲にとらわれている」と感じたら、トイレを我慢しながら再考するといいかもしれません。

keyword

① 合理的

ある物事が、道理や論理にかなっているさま。人が合理的な損得勘定ができない理由は、「目の前の損失を回避したい」という心理によるところが大きい。トイレの我慢と意思決定についての研究の例でいえば、「すぐにもらえるお金をもらわない」という行為を、目の前の損と感じるのである。

column 06

作業を妨害して記憶力を確かめる

中途半端なことほど忘れにくい!?

実験

実験内容

1
心理学者ツァイガルニク氏は、被験者164人に「ダンボールの箱を組み立てる」「粘土で犬をつくる」など、数分でできる18～22種類の作業を行ってもらった。

2
時々、作業を中断させ、次の作業に移行してもらう。中断するタイミングはランダムで、被験者が最後までやり切った作業、やり切れなかった作業をつくる。

3
すべての作業が終わったあと、被験者に行った作業を紙に書き出してもらい、被験者がどの作業を覚えているか、またはどの順番で書き出したかを調べる。

解説

気になるところで終わったドラマの次回が待ち切れないように、「途中で切り上げられた物事は記憶に残りやすい」ということを、確かめた実験です。

結果

実際に作業していた時間は短いにもかかわらず、じゃまが入って完了できなかった作業は、完了できた作業に比べて90％多く被験者に覚えられていました。また、思い出した順番も、先に完了できなかった作業を思い出し、そのあとに完了できた作業を思い出すという傾向が、顕著に見られたのです。

考察

ツァイガルニク氏は何度もこの実験を行い、「没頭しているときに中断すると、もっとも記憶に残る」ということをあきらかにしました。単純な作業でも、「やり遂げたい」という気持ちが強いほど、記憶に残るのですね。これを生かし、たとえば好きな人に印象づけたい場合は、雰囲気が盛り上がったところでサッと切り上げ、〈おあずけ〉にするのも効果的でしょう。

関連実験

覚えた場所が大事？

覚えた状況を再現すると、過去の記憶は思い出しやすいことを証明した実験です。

被験者の半数は水中、半数は陸上で、単語を覚えてもらいます。その後、水中で覚えた被験者、陸上で覚えた被験者をそれぞれさらに半分に分け、水中または陸上で単語を思い出してもらいます。結果、覚えた場所と思い出す場所が一致しているときが、もっとも記憶の再生率が高かったのです。香水の匂いで昔の恋人を思い出すのと、同じメカニズムですね。

06

psychology

ストレスを抱えると心を病むだけでなく外傷も治りにくくなる

夫婦ゲンカで傷の治りが2日も遅れる

ストレスによる不安やイライラが、うつ病や不眠症といった心の病気の原因となることは、すでにほとんどの人がご存じでしょう。一方で、あまり知られていないのが、ストレスが外傷の治療にまで大きく影響するということです。

アメリカ・オハイオ州立大学のキーコルト・グレーサー氏の研究チームは、22～77歳までの夫婦42組（平均年齢37歳、平均結婚年数12年）を対象に、傷の治り具合を観察するという実験を2回、行いました。

2回とも、わざと水ぶくれ（①）をつくり、それをつぶして傷が治る時間を測定します。その際、夫婦間で話し合いをしてもらいました。まず、1回目の実験では穏やかな話し合いを、日を置いて行われた**2回目の実験では、金銭や親族のことなど、感情的になりやすい話題で話し合ってもらいました。すると、2回目のほうが傷の治りが遅かった**といいます。

さらに、**互いに恨みや怒りを持って話し合いをした夫婦は、そ**

keyword

① 水ぶくれ
実験では装置を用いて、1・5時間をかけて慎重に8ミリ大の水ぶくれを、ひとりにつき8個つくったという。

② 気持ちを吐き出す
ストレスの解消法として、辛い気持ちを書き出したり、誰かに話したりするアウトプットが効果的。逆に、辛い気持ちを心の中に押し込めるのは、ストレスをため込む大きな要因となる。

うでなかった夫婦より、傷の治りが2日も遅かったのです。これらの結果から、傷が治るまでの時間は人間関係によるストレスと密接に関係していることがわかりました。

また、1000人の被験者の指に傷をつけて行われた別の実験でも、同様の結果が出ています。

一方のグループにはネガティブな気持ちを吐き出し(②)てもらい、もう一方のグループには明日のスケジュールを書いてもらったところ、ネガティブな気持ちを吐き出したグループのほうが、傷の治りが4倍も早かったといいます。

人間関係に悩んだり、ネガティブな思いをため込むことは、心だけでなく体にも悪い影響を与えてしまいます。とくに、人間関係の基盤であり、中心でもある夫婦・家族間の不和は、大きなストレスとなってしまうので注意が必要ですね。

↓リラックスできる環境は免疫力を高める

ストレスが体によくない影響を与えるとご紹介しましたが、そ

keyword

③ナチュラルキラー細胞
ウイルス感染や細胞の悪性化が起きた際に、それらをいち早く発見して攻撃する細胞。生まれながらに備わっている防衛機能であり、自然免疫に重要な役割を担う。とくに、がん化した細胞を攻撃し、その拡大を防ぐことから、がん予防に貢献する細胞として注目を集めている。頭文字をとって、NK細胞とも呼ばれる。

④アドレナリン
急激なストレスを感じ

れは裏を返せば、ストレスの少ない生活は体にもよいということ。

日本医科大学の李卿氏らは、20～50代の健康な男女37人に、長野県で2泊3日の森林浴を体験してもらい、**ナチュラルキラー細胞③**の数と**アドレナリン④**濃度の変化を調べました。その結果、森林浴を始める前と森林浴1日目では、1日目のほうが、1日目と2日目では2日目のほうが、ナチュラルキラー細胞の活性度は高くなり、アドレナリンの分泌量が減っていることがわかりました。

ナチュラルキラー細胞は免疫力を高める細胞であり、アドレナリンはストレスがかかると尿中に多く分泌される物質であることから、**森林浴によるストレスの少ない暮らしが、免疫力⑤を高めた**ことがわかります。なお、ナチュラルキラー細胞の活性度は、実験1カ月後も実験前より高いレベルを保っており、その結果に男女の差はありませんでした。

免疫力を向上させることは、風邪やインフルエンザ、生活習慣病の予防にもつながります。心身ともに健康であり続けるために、日ごろからストレス解消を意識した生活を心がけたいものです。

たときに出るホルモン。ストレス状態から体を守るために、欠かせないものといわれる。血圧の上昇や心拍数の促進、瞳孔散大などの原因となる。不安や緊張から、心臓がドキドキするのは、アドレナリンの働きによるもの。

⑤ 免疫力
体内に入ったウイルスや細菌、異物などから自分自身の体を守る力。白血球やナチュラルキラー細胞などが、その担い手となる。

07

psychology

悲観的な性格の人でもトレーニングすれば8カ月で楽観的になる

よい部分を見るようにトレーニングする

「周囲から嫌われている」「自分のことを認めてくれない」など、物事をつい悪いほうへと考えてしまう人が多いのではないでしょうか。近年の研究で、**有効なトレーニングをすることで悲観的な性格を楽観的な性格に変えられる**ことがわかってきました。

イギリス・オックスフォード大学のエレーヌ・フォックス氏らの研究によれば、楽観的な気持ちや悲観的な気持ちは、遺伝子レベルで説明できるといいます。

研究ではまず、被験者となる大学生285名に、かわいい子犬と蛇、青空と雨、生まれたばかりの赤ちゃんと死体など、よい光景と悪い光景の写真760枚をランダムに素早く見せながら、注視対象を測定。**楽観的な人は、よい光景ばかりを注視し、悲観的な人は、悪い光景ばかりを注視している**ことがわかりました。この結果から、**楽観的な人はよいところばかりを見る一方、悲観的な人は悪いところを探す傾向がある**という結論に至ります。

フォックス氏は、脳内で感情や気分を安定させる働きをする物

keyword

① セロトニン

精神の安定に深く関わる神経伝達物質。不安や怒りといった感情を抑える働きがある。分泌量が減ると脳内の情報伝達がスムーズに行われなくなり、ポジティブな感情を持ちにくくなる。なお、体内にあるセロトニンのうち、感情をコントロールしているのは脳内に分布する2%ほど。ほかの多くは消化管に存在するといわれる。

質、セロトニン（①）のコントロールを行っているセロトニン運搬遺伝子（②）が、楽観または悲観の性格を決めていることをつきとめました。さらに、セロトニン運搬遺伝子が弱いタイプの人が、悲観的な考えに陥りがちである反面、ポジティブな出来事への反応性も高いことを発見したのです。つまり、**トレーニング次第で、悲観的から楽観的に性格を変えられる**ということ。

実際、**悲観的だった人によい光景の写真ばかりを注視するよう、8カ月間にわたって訓練したところ、楽観的思考者に変わった**といいます。

楽観的な人のほうが10年も寿命が長い

楽観的か悲観的かが人におよぼす影響についてもう1つ、注目すべき実験をご紹介しましょう。それは、楽観的な考え方をする人のほうが、寿命が10年も長いというもの。

アメリカ・ケンタッキー大学のデボラ・ダナー氏らが2001年に発表した研究では、まず1930年代に修道院に入った

keyword

② セロトニン運搬遺伝子

脳内でセロトニンを運搬し、セロトニンレベルを保つ働きをする遺伝子。「SS型」「SL型」「LL型」の3種類が存在し、日本人の場合は「SS型」「SL型」「LL型」の順に、悲観的な思考をする。なお、日本人はSS型の保有傾向が欧米人に比べ5割も多く、「LL型」は、世界でもっとも少ないといわれている。ただし、もっとも悲観的になりがちだとされる「SS型」も、不安を感じやすい型というわけではなく、単に外界の影響を受けやすい型で

180人の修道女が書いた自叙伝（③）を検証。それぞれの人が、楽観的か悲観的かを点数化しました。

その後、執筆からおよそ60年たった1990年代に修道女たちに接触したところ、**楽観的であるとされた修道女のほうが、悲観的であるとされた修道女より、長生きしている**ことがあきらかになったのです。

接触の時点で、180人のうち76人が亡くなっていましたが、**陽気で明るい自叙伝を書いた修道女は、暗い文章を書いていた修道女よりも、平均で10年も長寿だった**といいます。全員が修道女であることから、生活環境に大きな違いはないと考えれば、気持ちの持ちようが長寿につながったといえるでしょう。

これらの研究結果を見ると、「人は楽観的であるほうがいい」という結論に落ち着きそうですが、実は楽観的な考え方にも弱点はあります。それは、快楽や興奮、より激しい体験を追い求める傾向があるということ。暴走を防ぐには、危険を察知できる悲観的な考え方も必要です。どちらか一方に偏ることなく、楽観的な面と悲観的な面をバランスよく身につけることが大切でしょう。

あることがわかっている。つまり、ネガティブな経験に対しては悲観的になる一方で、ポジティブな経験をすれば、より高い幸福感を得られることになる。

③ **自叙伝**
ダナー氏らによる調査では、修道院に入った際に、修道女たち（平均22歳）がそれまでの自分を振り返って自叙伝を執筆した。

08

psychology

散歩しながら考えると回答率が60%アップする

外に出れば自由な発想が生まれる

ビジネスでもプライベートでも、次から次へと問題が降りかかり、考えに行き詰まってしまう場合も多くあります。そんな人に対して、「外に出て新鮮な空気を吸ってきたら」というのは、よく言われるアドバイス。**実際、創造性（①）の発揮には、空間や環境が大きく関与しているのです。**

散歩と創造性の発揮との関係については、アメリカ・スタンフォード大学の研究チームが、学生を被験者として実験を行っています。その内容は、さまざまな条件でウォーキングをしてもらい、その前後に創造力をはかる試験を実施するというもの。そして、**ウォーキング中に課題を出したところ、驚くことに室内で考えたときと比べて、回答率が約60%も増加したのです。**

なぜ、散歩が創造性の発揮につながるのかは、いまだ明確にはなっていません。ですが、そのヒントとなる実験が、カナダ・トロント大学のオシム・バルタニアン氏らによって行われています。被験者にさまざまな部屋の写真を見せながら、脳の反応を観察

keyword

① 創造性
これまでにない独自の有用なアイデアを生み出すこと。頭の中に突然出現するものではなく、長年の基礎的学習や問題への集中の上に築かれるものとされる。また、強い先入観や固定観念は創造性の妨げになるといわれる。

② 閉塞感
家具や物が多い、天井が低いなどの原因で、空間が閉じて狭いと感じること。オフィスなどの空間デザインにおいては、閉塞感を減らし、パーソナルスペー

したところ、人は天井の高い部屋を好む傾向にあることが判明。

このことからバルタニアン氏は、**空間が広がるほどに視覚的自由が確保され、それが自由な発想につながる**のだと、空間と創造性を関連づけています。

つまり、ひらめきに不可欠な創造性は、閉塞感（②）がないほど発揮されるということ。**狭いオフィスや研究室よりも、開放感抜群な屋外のほうが、はるかに適している**といえるのです。

ただし、アイデアのクオリティは別問題。なぜなら、創造性とは自分の頭の中にある情報を組み合わせることで、最善の案を創り出す行為だからです。天啓とも感じられるひらめきを得るためには、普段からより多くのことに興味を持ち、自身の引き出しを増やすことが何よりも大切といえるでしょう。

散歩中はさまざまなものを目で追うといい

アップル（③）創業者スティーブ・ジョブズ氏は、**散歩しながらミーティングを行ったことで有名です。**アップルではいくつもの

keyword

スをいかに広くとるかが業務効率に影響する、とした考え方が主流となっている。

③アップル
アメリカ・カリフォルニア州に本社を置く、インターネット関連製品、ソフトウェア製品などを開発・販売する多国籍企業。創始者は、スティーブ・ジョブズ氏、スティーブ・ウォズニアック氏、マイク・マークラ氏の3名。2007年にアップルコンピュータから改称し、現在の正式社名はアップル インコーポレイテッド。主な

新製品のアイデアが、このミーティングから生まれているのです。

散歩中、絶え間なく変化する景色を人は目で追っています。そうした目の動きが、ひらめきを生んでいるという実験結果があります。

アメリカ・イリノイ大学の**実験心理学**④博士であるローラ・E・トーマス氏とA・イエラス氏は、被験者に「周辺組織を破壊せずにがん治療を行うためには、放射線をどのように照射するべきか」という質問をしました。答えは「さまざまな角度から中心に向かって照射する」というものですが、解答を考えてもらう際に周辺組織の図版を提示して、Aグループには周辺組織の外部と内部を交互に見てもらい、Bグループには外部を見た後に内部を見てもらいました。すると、視線移動をしたAグループのほうが問題解決にかかる時間が短かったのです。

この結果からわかるのは、**視線を動かすことがひらめきや問題解決のサポートにつながる**ということ。考えに詰まったら、外に出る。そして、さまざまなものに目をやりながら考えると、解決の糸口がきっと見つかるはずです。

製品には、Mac、iPod、iPhone、iPadなどがある。

④ **実験心理学**
精神活動や行動を、実験によって研究する心理学の総称。19世紀後半に確立されたもので、現代心理学の主流となっている。実験や研究の手法に基づいた分類であるため、研究対象は知覚心理学、認知心理学、比較心理学、実験的行動分析、生理心理学、発達心理学など多岐にわたる。

09

psychology

3週間、怒りを書き出すとネガティブ思考が減る

イライラは書き出すとなくなる

〈怒り〉は、制御することが非常に難しい感情の1つ。いったん、気持ちがイライラモードに入ってしまうと、無関係な相手にまでイヤな態度をとってしまうことも珍しくありません。

そんな厄介なイライラを効果的に抑える方法が、怒りの言語化（①）です。中でも注目されているのが、怒りの気持ちを書くことで開示する筆記開示法（②）。

心理学博士の遠藤《えんどう》寛子《ひろこ》氏が行った研究では、大学生85名に対し、怒りを感じた出来事について3日間、連続して筆記開示を行うよう指示しました。結果、怒りが鎮静化したといいます。また、遠藤氏による別の実験では、日常で怒った経験について、3週間にわたって筆記開示を繰り返したところ、ネガティブな心理状態でいる時間が短くなることもわかりました。

書くことでイライラが鎮静化する理由は、怒りを感

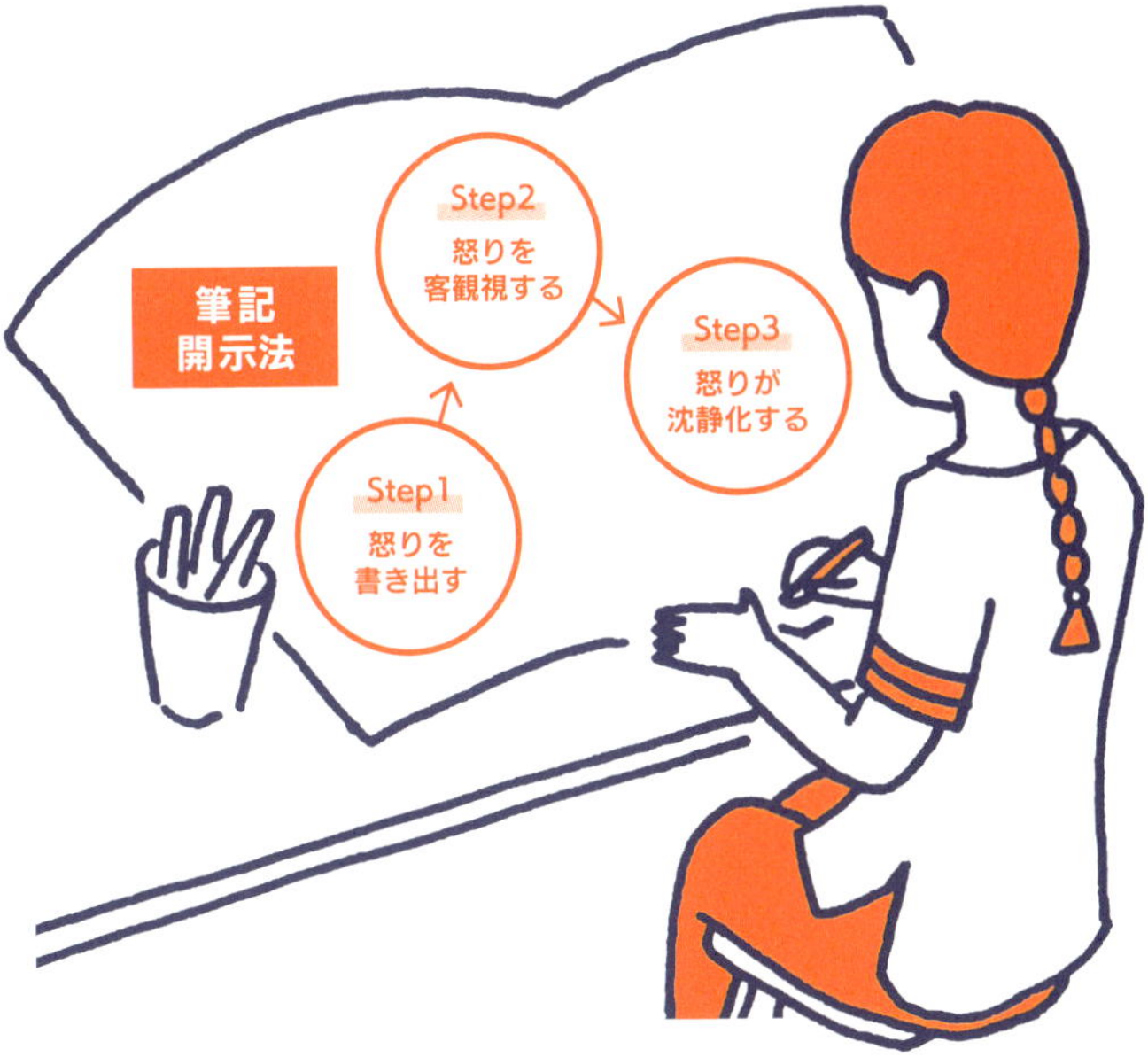
筆記開示法
Step1
怒りを書き出す
Step2
怒りを客観視する
Step3
怒りが沈静化する

じた出来事への理解が深まるためといわれています。また、その怒りを客観的に把握するのも重要なこと。

書くのが面倒という人は、誰かに聞いてもらってもよいでしょう。大切なのは、怒りの原因を理解し、客観視することです。

keyword

① 怒りの言語化

遠藤氏の実験でいえば、自分がなぜ怒っているのかを言葉で表すこと。言葉にして自分の気持ちを客観視することで、怒りが抑えられる。

② 筆記開示法

自分のネガティブな経験や感情を、包み隠さずノートなどに書き記す心理療法。筆記開示を行うことで、ネガティブな感情は鎮静化する。

10

psychology

「三度目の正直」は、あきらめない人にだけ訪れる

二度の失敗はあたりまえ

「三度目の正直」ということわざがあります。意味は、「物事は、三度目には期待どおりの結果になる」というものですが、その裏には「一度目や二度目は思いどおりにならない」という警告が込められています。

ではなぜ、一度目と二度目は失敗するのでしょうか。

その理由は、「エラーの分類」によって説明できます。

認知心理学では、エラー（1）は「偶発的エラー」と「必然的エラー」があります。偶発的エラーとは、わけがわからず間違えること。新しい挑戦は、何もかもがわからないことだらけ。失敗するのは当然でしょう。

そして、2回目の挑戦で、人は原因に気づいているにもかかわらず、失敗を重ねます。それが、必然的エラーです。理屈の上ではわかっていても、直面するさまざまな事態に際し、判断を誤るのです。そうして二度の失敗を重ね、あきらめる人がいる中で、失敗を糧

成功！
二度は失敗して当然
あきらめない！
必然的エラー
わかってる
けど失敗して
しまう…
偶発的エラー
初体験で
失敗ばかり…
Try3
Try2
Try1

に三度目の挑戦をする人だけが、成功に近づくことができるのです。

アメリカでは、受験に失敗した経験のある人を採用する企業が多いとも。失敗経験は宝物。自分に対しても他人に対しても、そんなふうに考えられる人になりたいですね。

keyword

① エラー

ヒューマンエラー、つまり人的ミスを指す。エラーの要因としては、認知・動作ミス、忘却、気の緩みなどが挙げられる。ヒューマンエラーには、必要な手続きを行わなかったために起こるエラー、必要な手続きが遅れたために起こるエラー、必要な手続きの順序を誤ったために起こるエラーなどがある。

11

psychology

チャンスを逃すのは、なまけ者ではなく心配性の人

条件によってチャンスを逃す割合は変わる

「あのとき、思い切って告白していたら、彼女と結婚できたんじゃないか」など、「もし、あのときこうしていたら……」と考えて、後悔してしまう人は多いのではないでしょうか。

では、チャンスを逃してしまう人にはどういう傾向があるのでしょうか？　ペンシルベニア大学の心理学者**キャサリン・ミルクマン①**氏たちは、次のような実験を行いました。

アメリカ中西部のとある大企業で、インフルエンザの予防接種が行われます。そこで、企業の従業員3272人に対して、予防接種が行われることを知らせる通知状が送られましたが、その通知状は次の3パターンに分けられていました。

グループ1に送られた通知状には、予防接種が受けられる日にちと時間帯が複数、書かれています。グループ2に送られた通知状には、自分が予防接種を受ける希望日を記入する欄があります。グループ3に送られた通知状には、自分が予防接種を受ける希望日と時間帯を、それぞれ記入する欄があります。

keyword

① キャサリン・ミルクマン

心理学者。人のやる気などに関する研究も行い、「フレッシュスタート効果」を提唱している。これは新しい年の始まり、新学期などの新しいサイクルの始まりには意欲が高まり、いつもなら面倒なことにもチャレンジできるというもの。ミルクマン氏は年明けにジム通いを始める人が増えることも、このフレッシュスタート効果によるものだとしている。また、自分へのごほうびをうまく使った「誘引バンドル」というテクニッその後、それぞれの通知状を受けとった従業員たちが予防接種を受けた割合を調査しました。すると、グループ1の割合は33・1%、グループ2の割合は34・6%、グループ3の割合は37・3%。自分で希望日と時間帯を選んだグループ3が一番、高い結果となったのです。

ここから分析できるのは、**通知状を受けとった時点で自分が予防接種の日時を決めて書いておけば、予防接種を受ける機会を逃す可能性を低くできる**、ということです。

人はいつもどおりの選択をしようとする

人には、デフォルト②と呼ばれる心理傾向があります。いくつか選択肢がある中で、最初に設定されていたものを選ぶという傾向です。わかりやすい例でいうと、「行きつけの食堂で新メニューが増えたのに、いつものメニューを頼む」「他局でおもしろそうな新番組が始まっているけど、いつもの習慣でこれまでと同じ番組を見てしまう」というような選択が、これにあたる

keyword

クを使えば、運動嫌いの人でもジム通いが続けられることも実験で実証している。誘引バンドルとは、好きなことと嫌いなことを結びつけるもの。たとえば、嫌いなものがジムでのハードな運動だとしたら、そこに「ジムに行けばこういうご褒美がある」という好きなものを結びつけるテクニックである。

Chance

でしょう。

変化を嫌って新しい選択をせず、デフォルトのものを選んでしまうのです。前述の実験で、インフルエンザの予防接種があるのに、いつもの業務などを優先してしまうのも、このデフォルトが影響していると考えられます。

また、つい機会を逃してしまう人間の特性を、心理学では**先延ばしシンドローム**（③）と呼びます。先延ばしが起きるのは、新しい選択をすることを好まず現状維持する、人本来の特性とも関連しています。つまり、**何かを選択できるチャンスが来たときに新しいほうを選べないのは、なまけ者だからというよりも、新しいほうを選んで起きるリスクを避けている**から。

今までと違う選択をすることにはリスクをともなうので、先延ばしシンドロームは必ずしも悪いことではありませんが、リスクを恐れ過ぎると、損をすることもあります。

ミルクマン氏の実験から、**日時を早めに決めて、具体的に予定を立てることが、デフォルトを避け、先延ばしシンドロームに陥らないようにするためのコツ**といえそうです。

---

② デフォルト

もともとは怠慢、義務の不履行などを意味する単語だったが、ＩＴの分野では〈怠慢な〉ユーザーがとくに設定をしないことから、初期設定をデフォルトと呼ぶようになった。

③ 先延ばしシンドローム

やるべきことを、つい先延ばしにしてしまう性格のこと。簡単に言ってしまえば、〈グズ〉な特性。シンドロームは症候群という意味。

12

psychology

いざというときは努力や意思よりも想像力が重要

思い込みで人生が変わる

時として、〈思い込み〉は実力以上の力を発揮させることがあります。たとえば、スポーツ選手が成功イメージを持って競技に臨むというのは、よく聞く話。**「自分は強い」「自分は勝つ」と自身に思い込ませることで、日ごろの努力だけでは決して出すことのできない力を発揮する**のです。

思い込みが体におよぼす影響については、プラシーボ効果①が有名です。アメリカ・マサチューセッツ工科大学では、82名の被験者に対して、電気ショックの痛みを感知してもらう実験を行いました。

その際、痛み止めと称して半数には「1錠2・5ドルの新薬」、半数には「1錠10セント」と知らせ偽薬を飲ませたところ、前者は85%、後者は61%が「痛みが緩和した」と答えたといいます。

つまり、**思い込みによって、鎮痛効果のない薬が実際に効いたということ。しかも、より高価な薬と信じることで、高い痛み止め効果が表れる**のですから、思い込みの力のすごさを感じずには

keyword

① プラシーボ効果

薬効成分を含まない偽薬を薬だと偽って投与することで、患者の病状が良好に向かう現象を指す。偽薬効果ともいい、その成分には薬理的影響はほとんどないブドウ糖や乳糖が使われることが多い。思い込みが体に影響をおよぼす実例であり、ダイエット効果があるお茶だと思い込むことで、普通のお茶であってもダイエットの効果が得られることもある。

いられません。

また、サッカーやバスケットボールの選手の中から、「自分は運を持っている」と答えた選手に、心理学者や**統計学**（②）者が「科学的にありえない」と説得するという実験があります。

説得を受け、3分の2の選手が「運は科学的にありえない」という事実を認めたのですが、3分の1の選手は納得せず運を信じ続けました。その後の調査で、**運を信じ続けた選手のほうが、より長期間、選手として活躍した**ことがわかっています。

教授をイメージすると正解率が上がる

ほかにも、特定の職業に就く人の外見やライフスタイルをイメージすることで脳内が活性化されるという実験があります。

オランダ・ラドバウド大学の社会心理学者ディジクスタイス氏らの実験では、被験者をランダムに「教授条件」と「秘書条件」に分類。それぞれに典型的な教授や秘書を思い描いてもらい、その外見やライフスタイル、行動などを記述させました。その後、知

keyword

② **統計学**
現象の集団的把握を目的とする学問。わかりやすい例では、学内テストの平均点や順位、偏差値をもとに、対象となる学校やクラスの特性を把握すること。

③ **ステレオタイプ**
「学者は頭がいい」「A型は几帳面」といったように、社会的に広く共有されている固定化されたイメージのこと。情報が少ない場合の判断材料として役立つ反面、偏見や差別につながる場合もある。

識を問う4択クイズなどを出題したところ、「教授条件」の正解率が59・5%、「秘書条件」の正解率が46・4%でした。

秘書条件と比べ、教授条件の正解率が高いのは、社会的なステレオタイプ③から、〈教授＝知識の豊富さ〉という側面が脳内で活性化されることで起こる一種のプライミング効果④であると推測されます。

プライミング効果とは、**事前にある事柄を見聞きしておくことで、別の事柄が思い出しやすくなる**という心理現象。秘書条件では、教授と比べて知識の豊富さという側面が活性化されないため、正解率に差が出たというわけです。

ウソのような話ですが、**イメージ力を駆使することで、自分の能力の限界値を引き上げる効果がある**ということ。実験の結果は、その可能性を示唆しています。

恋でも仕事でも、勝負時に際しては、努力や強い意思も大事ですが、勝ち切る自分を強くイメージして、「負けるはずがない」という思い込みを持つことが大切ですね。

④ プライミング効果

あらかじめ経験した刺激によって、あとの判断が左右される現象を表す心理学用語。わかりやすい例としては、相手に「ピザ」と10回言わせたあとに、ひじを指して「ここは？」と聞くと、とっさに「ひざ」と答えてしまうといった10回クイズが当てはまる。10回続けて発音することで、「ピザ」という言葉が活性化されるため、語感が近い言葉が脳内でアクセスされやすくなるために起こる。なお、プライミングとは日本語で初回刺激の意味。

13

psychology

ネットサーフィンをすれば業務効率が9％向上する

脳が休まり集中力が回復する

仕事の合間に、休憩を兼ねてネットサーフィン。職場でよく見る光景ですが、最近はネット接続を禁止、制限している会社も多いようです。そんな中、仕事中のネットサーフィンが作業効率を上げるという研究結果が発表されています。

オーストラリア・メルボルン大学のブレント・コーカー博士が、３００人を対象に行った実験では、**仕事でインターネットを使っている人のうち、70％がWILB（①）をし、とくに人気なのが製品情報の検索やオンラインニュースの閲覧**だったといいます。

そして、オフィスにいる時間の20％以下という条件内で**ネットサーフィンをしていた人は、しなかった人と比較して、生産性が9％高くなった**とか。

人の集中力には限界があります。ネットサーフィンをするなどの休憩により、**トータルでは集中力が高ま**

り、生産性が向上するというわけです。
ただし、この実験結果を妄信するのは考えもの。作業効率は仕事の内容によって変わります。また、「よい仕事をするため」といってネットサーフィンをしていると、周囲からよくない目で見られるので注意が必要ですよ。

keyword

① WILB

Workplace Internet Leisure Browsingの略。職場において、娯楽目的でインターネットにアクセスし、Webブラウジングをすること。ブレント・コーカー博士が研究報告の中で用いた言葉である。調査結果では、WILBによって疲れた脳が休まることで、集中力が回復して生産性が高まるとしている。

14

psychology

トラウマを共有すれば辛い記憶が前向きに上書きされる

同じ経験をした仲間と話す

「信頼していた人に裏切られた」「子どものころ、いじめに遭った」「夫からDVを受けた」などの心の傷。忘れたくても忘れられない記憶とは、どう向き合えばよいのでしょうか。

オックスフォード大学がPTSD①の症状を持つ人を対象に行った調査では、**忘れられない期間、忘れる期間を繰り返し、階段状に記憶が薄らいでいく**ことがわかりました。また、PTSDのイヤな記憶から解放させるために、「カウンセラーに話す」「薬による治療を行う」「同じ経験をした仲間と話す」という3つの方法を試したところ、**同じ経験をした仲間と話し合うことが、イヤな記憶から立ち直るのにもっとも効果的**だったことがわかったのです。

過去の辛い体験がもととなった心の傷は、無理に忘れようとすればするほど、鮮明に心に刻まれてしまう

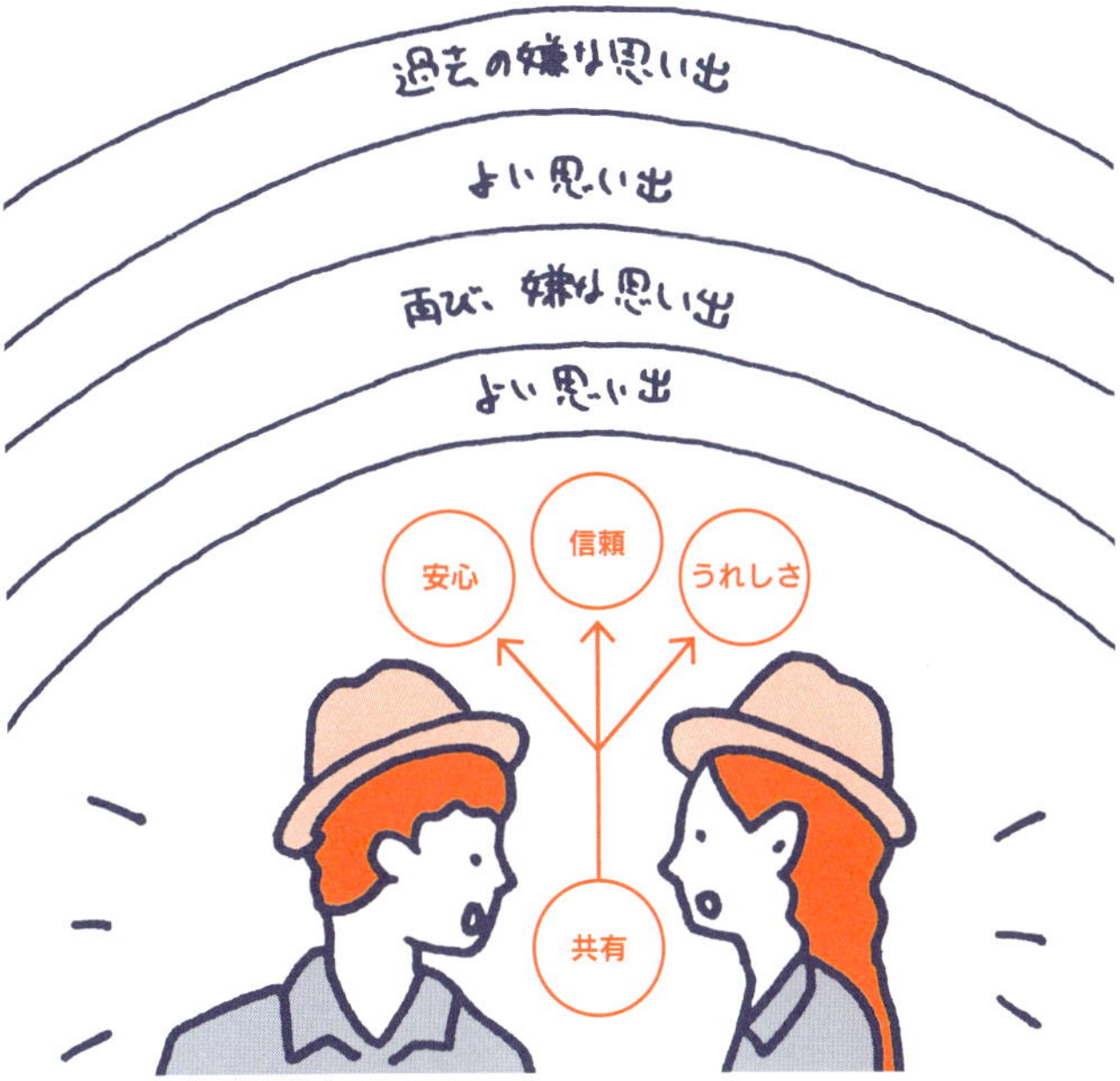

もの。**大切なのは、忘れることでなく、記憶を薄める**ことです。

同じ体験をした人との対話によって、「辛い思いをしたのは自分だけではない」と感じることで、**一連の記憶に安心や信頼といったポジティブな記憶を加えていく**ことが有効なのです。

keyword

① PTSD

Post Traumatic Stress Disorderの略で、心的外傷後ストレス障害のこと。ショック体験や強い精神的ストレス、恐怖、無力感などが心のダメージとなって、時間が経過したあとも、その経験に対して強い恐怖を感じる状態。震災などの自然災害や事故、犯罪被害や事件などが原因となることが多い。

column 07

児童を対象に行った
実験的授業

実験とわかっていても相手を見下す!?

実験

実験内容

1
アイオワ州の小学校教師エリオットによって、1968年に行われた実験。まず、児童たちに2日間、見た目によって待遇に差をつけると伝える。

2
1日目は、「青い目の子はいい子だから5分間、余分に遊んでいい」「茶色い目の子は汚いから、給食のコップを使ってはいけない」などと、目の色で待遇に差をつける。

3
2日目は1日目と待遇を逆転させ、茶色い目の子を優遇、青い目の子を冷遇し、児童の行動を観察する。また、実験中とその前後2週間に国語と算数のテストを実施した。

解説

黒人の権利を訴えたキング牧師が暗殺された直後に、小学3年生の教室で行われた実験的な授業。純粋な子どもたちは、どのように反応したのでしょうか?

結果

優遇された子どもたちは、冷遇された子どもたちに対して優越感を持ち、見下した態度をとるようになりました。一方、冷遇された子どもたちはうつむき、自信をなくしたような態度を見せたのです。また、国語と算数のテストでは、実験中に優遇されているときがもっとも成績がよく、実験前後で成績の向上が見られました。

考察

優遇された子どもたちは成績がよくなり、冷遇された子どもたちは成績が悪くなりました。見た目による差別は、子どもたちの振る舞いに影響を与えたばかりか、テストの成績にまで変化が現れたのです。成績が上がったのは、優遇されると自信を持ち、能力を十分に発揮できたためと考えられます。また、この実験授業が児童の心に響いたからか、実験後の成績も向上しました。

関連実験

自信があれば健康に!?

老人ホームの協力を得て行われた実験。入居者を2つのグループに分け、Aグループには、家具の配置など生活の中で多くの選択をさせ、Bグループにはあまり選択をさせないようにします。実験後、入居者を定期的に診ている看護師に、被験者の健康状態を調べてもらうと、Aグループは以前より際立って健康的に、Bグループは不健康になったと評価されました。

物事を選択できることが自信につながり、それが健康につながったのだと考えられます。

15

psychology

ストレス解消には〈人助け〉が効果的

うれしい出来事もストレスになる

私たちは、職場や学校、家庭など、さまざまな場所でストレスにさらされています。**一般的にストレスとは、怪我や病気、友人・知人とのケンカなど、ネガティブ①な事柄の中で発生するものだと考えられがち**ですが、実は結婚や長期休暇、昇進・出世といったポジティブ②な場面でも感じてしまうのです。

1967年、アメリカの心理学者ホームズ氏とラー氏は、ストレスの度合いを数値化する、ストレス・マグニチュード③と呼ばれる指標を開発しました。彼らはまず、離婚や借金などといった、ストレスの原因になると考えられる項目をピックアップ。「配偶者の死」によるストレスを数値100として、それぞれの項目について、多数の人に自己評価で点数をつけてもらいました。

その点数をもとに項目ごとのストレス度を割り出したところ、離婚73、病気53などマイナスの要因が高い数値となる一方で、**結婚50、長期休暇45、家族が増える39、大金を得る38、昇進・出世36などポジティブな変化であっても、それがストレスの原因にな**

keyword

① ネガティブ

マイナスの要因。物事を悪い方向に考える傾向が強まる心理状態。未来に対して悲観的になることが多く、逆に過去の幸せな記憶にすがる傾向がある。

② ポジティブ

プラスの要因。物事をよい方向に考える傾向が強まる心理状態。未来を明るいものとしてとらえるなど、将来に希望を抱いている場合が多い。未来に向けて、活動的で積極的な精神状態といえる。

ることが、あきらかになりました。

本来、うれしいはずの出来事がストレスの原因になるのは、環境の変化によるとまどいがあるため。

しかし、本人からしてみれば、うれしいことを前にして自身がストレスをためていることには気づきにくいもの。前向きな気持ちでがんばっているときこそ、「今の自分は、がんばり過ぎていない？」と自分自身に問いかけるといいでしょう。

人助けが少ないとネガティブ感情が高まる

では、たまってしまったストレスは、どのように解消すればいいのでしょうか。一般的には、十分に睡眠をとる、お風呂にゆっくりとつかる、スポーツをする、趣味を持つなどがよいとされています。しかし、有効とされる解消法は、まとまった時間を要するものが多く、時間に追われる日々の中では実践しにくいという欠点があります。

気軽にできるストレス解消法を探しているかたに、ぜひ紹介し

keyword

③ ストレス・マグニチュード

日ごろの生活の中で経験するライフイベントをもとに、ストレスを数値化した評価尺度のこと。1967年の研究をもとに、2012年には現代日本版ストレス・マグニチュードが完成した。作成にあたっては、神戸市民1000人を対象にアンケート調査を実施。ストレスランキング1位は82・4ポイントの配偶者や恋人の死。次いで、親族の死77・0、親しい友人の死76・1、家族の病気・怪我73・7、離婚72・3と続く。

たいのが、アメリカ・**イェール大学④**が行った実験です。

事前の検査で、精神疾患や認知障害、**物質依存障害⑤**がないことがわかっている18〜44歳の被験者77人に対して、その日に経験したイベントと、人を助けたかどうかについてのアンケートを実施しました。

14日間におよぶアンケートの内容を精査したところ、すべての対象者において、**人助けの回数が少なくなるとストレスやネガティブな感情が高まり、より多くの人助けをすることで精神的健康が保たれ、ストレスが和らぐ**ことがわかりました。

また、**強いストレスを受けた日でも、人助けをするとストレスの影響を受けにくい**こともわかったのです。なお、ここでいう他人を助けるという行為には、「何かありましたか？」といったちょっとした声かけや、相手に道を譲るといったごく簡単なものも含まれます。

日ごろから、困っている人がいたら手を差し伸べる。そんな心の余裕を持つことが、ストレスをため込まないための極意であるといえるでしょう。

④ イェール大学
アメリカ・コネチカット州ニューヘイブン市に本部を置く私立大学。創立は1701年。アメリカに現存する大学としては、3番目に長い歴史を持つ。

⑤ 物質依存障害
本来、生体内には存在しない物質が体内に入り、脳に影響をおよぼすことによって生じる精神障害。アルコール関連障害、カフェイン関連障害、幻覚剤関連障害、鎮静剤・催眠剤・抗不安薬関連障害などがある。

16

psychology

幸運をつかむ人はよく笑い、現金をつねに持ち歩く

オープンな態度が幸運をもたらす

「財布に蛇の抜けがらを入れておくと、金運が上がる」というおまじないを聞いたことはないでしょうか。蛇の抜けがら以外にも、運を上げるために**ゲンかつぎ①**を行っているという人もいることでしょう。

　運気をよくするための確実な方法があれば、ぜひ知りたいものですが、幸運をつかむ人には「**向社会的行為《こうしゃかいてきこうい》②**をしている」という共通点があるようです。

　「向社会的」とは心理学の用語で、「反社会的」の対義語。**向社会的行為は、他人や社会の幸福のためにする行為**といえます。

　イギリスのハートフォードシャー大学が、1年間に急成長した企業の社員や、運命の出会いを果たし結婚した人などにアンケートを行いました。つまり、幸運をつかんだ人たちを対象にした調査です。

　その調査の結果でわかったことは、**幸運をつかんだ人は「よく笑う」「相手と目が合う」「身振り手振りが大きい」「腕組みや脚**

keyword

① ゲンかつぎ

幸運(悪運)をもたらす法則のようなもの。「赤い車を10台見かけると、いいことが起きる」「右足から靴をはいて外出すると、悪いことが起きる」というようなもので、とくに根拠はないことが多い。

② 向社会的行為

反社会的行為の対義語。他人を助ける行動や、他人に対する積極的な行動を指す。具体的には、寄付や援助、親切心からの行いなどが向社会的行為に当たる。寄付や援助が含まれる

組み（③）をしない」など、相手に対して気持ちがオープンであったということです。

「私は心を開いていますよ」というスタンスで、向社会的行為を示すことで、運をキャッチできたのではないでしょうか。

ポジティブな性格の人は長生きする

運をキャッチできる人の特徴として、いつも現金を持ち歩く、ひとりで食事をしないというものもあります。

お金を使うということは、物を買ったりサービスを受けることを意味し、つまりは社会や人とつながるということ。誰かと食事をするというのも、人とつながることを意味します。そうやって、**多種多様な場面で他人と社会に対してオープンになることで、人から助力を得られる機会も増え、チャンスがつかみやすくなる**のではないでしょうか。

また、**運をつかむためには、ポジティブであることも必要**です。ポジティブな態度が人生にプラスをもたらすことは、さまざま

keyword

ように、見返りを求めないものが多い。

③腕組みや脚組み

腕組みや脚組みは、無意識の間にとる自己防衛のポーズで、向かい合っている他人に対して心を開いていないことを示している。なお、腕を組むなどの相手を拒絶するポーズを「クローズドポジション」と呼ぶ。逆に、相手に対して腕を開き、受け入れることを示すポーズを「オープンポジション」と呼ぶ。

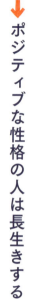

なデータが証明しています。

アメリカの保険会社であるメトロ生命は、正規の採用試験で不合格になった志望者の中から楽観度の高い人たちを採用し、彼らで特別班を結成しました。すると、**楽観度の高い特別班は、なんと正規雇用のメンバーを27％も上回る契約獲得率を叩き出した**のです。また、ポジティブ心理学（④）を提唱したマーティン・セリグマン博士は、著書の中で、修道女たちを対象にした調査結果を発表しています。

修道女たちの内面を調査したところ、**ポジティブな感情が表面に出ている快活なグループは、そのメンバーの90％が85歳になっても健在であった**のに対し、ポジティブとはいえず快活ではないグループは、メンバーの34％しか存命でなかったのです。

寿命まで変えてしまうのですから、ポジティブであることの重要性がよくわかるのではないでしょうか。

幸運をつかんで長生きし、幸せな人生を送るためには、社会に対してオープンになり、ポジティブ思考でいることが必要です。

④ ポジティブ心理学

米国心理学会会長のマーティン・セリグマン氏が、1998年に提唱。個人や組織が繁栄して、よりよく幸せに生きられるにはどうすればいいかをテーマにしている。2009年の国際ポジティブ心理学会第1回世界会議で、セリグマン氏はポジティブ心理学について、「ポジティブ心理学は、人の強さにも弱さにも関わる」「ポジティブ心理学は、最高の人生をもたらすことにも、人生の最悪の状態を直すことにも関わる」などと宣言した。

17

psychology

〈ゲンかつぎ〉でパフォーマンスは上がる

自分に暗示をかけるための手段

「カツ丼を食べる」「勝負下着をつける」など、プレゼンテーションの前や、好きな人に告白するなどという勝負時に、ゲンかつぎをする人は多いでしょう。そんなゲンかつぎの効力を調査した実験があります。

ドイツ・ケルン大学（①）の心理学者ダミシュ氏らは、被験者を2つのグループに分け、一方には「このボールはラッキーボールです」と伝え、もう一方には「普通のボールです」と伝えたあと、そのボールを使ってパターゴルフをしてもらいました。

結果、**ラッキーボールと伝えられたグループのほうが好成績だった**のです。また、被験者に幸運のお守りを買ってもらったあと、そのお守りを持ったまま記憶力テストを行ったグループと、持たずにテストを行ったグループでは、**お守りを持ったグループのほうが高い正解率を得ました。**

ゲンかつぎが、実際に結果として表れるのは、「自分ならできる」という自信、つまり**自己効力感（②）を高めてくれる**ため。裏を返せば、いくらお守りを持っても、本人が効果を信じなければ、ご利益は得られません。信じた人だけが救われるのですね。

keyword

① **ケルン大学**
エクセレンス・イニシアティブと呼ばれるドイツのエリート大学の1つ。設立は1388年、国内で最大の学生数を誇る。

② **自己効力感**
課題に直面したとき、自分ならクリアできるという期待や自信のこと。成功体験や、人からの励ましが必要とされる。

18

psychology

不安や緊張を和らげるには何かを食べるといい

ネズミが猫を怖くなくなる

初対面の相手や好きな人の前、大勢の人を前にして発言するときなど、不安や緊張からドキドキ（①）がおさまらず思うように話せなくなってしまう。そんなとき、試してほしいのが〈何かを口にすること〉です。

食べ物を口にする、とくに噛むという行為は不安や緊張を和らげたり、ストレスを解消したりする効果があるといわれます。**噛む行為によって脳内に分泌されるセロトニン（②）には、緊張をほぐし、ストレスを緩和する働きがある**のです。

猫の写真を見せると怯えるネズミに、写真を見せるたびに給餌をするという実験を行ったところ、やがてネズミの恐怖反応は完全に消失したといいます。

この結果からも、**不安やストレスと、食べる（噛む）ことは密接な関係にある**ことがわかります。

大リーガーなどのスポーツ選手が、試合中にガムを

噛んでいるのも、不安や緊張に打ち勝つための手段といえるでしょう。

ただし、このストレス解消法には負の面もあり、不安だから、イライラするからといって食べ過ぎてしまうおそれがあります。何事も、ほどほどが大事ですね。

keyword

①ドキドキ

ドキドキとも形容される動悸は、緊張やストレスから体を守ろうとして分泌されるホルモンの影響を受けて起きる現象。

②セロトニン

精神の安定に関わる神経伝達物質。不安や怒りの感情を抑える働きがある。分泌量が減るとポジティブな感情を持ちにくい。

19

psychology

猫を飼うと周囲の人間に寛大になる

ペットが人格形成に影響する

動物を飼い、積極的に関わりを持つことで、さまざまな教育効果が得られるといわれる動物介在教育(①)。面倒を見ることで責任感が生まれたり、豊かな心を育んだりと、そのメリットは大きく、おもちゃとは違って自分の思いどおりになってくれない動物は、他者との関わり方を学ぶ有効な対象となります。

興味深いのが、小学生を対象としたペットの教育効果に関する研究。なんと、犬と猫とで子どもに与える影響が真逆になるというのです。

基本的に、人の言うことを聞かない猫と接していると、「他人は自分の思うようにならない」という考えが強くなり、他人に対して寛大になりやすいといいます。一方、しつけによって従わせることのできる犬と接していると、「やればできる」という人間観が形成されやすく、他人に対して厳しくなるといいます。

厳しく言えば
自分の思い
どおりになる
他人は自分の
思うように
ならない
Dog
Cat

一概によし悪しの判断はできませんが、動物の特性が子どもの人間性に影響を与えるのは、たしかなようです。

ちなみに、ペットロス症候群（②）になりやすいのは、圧倒的に犬を失ったとき。その深刻さは、猫の約40倍だといわれています。

keyword

① 動物介在教育

動物との触れ合いを通じて、子どもたちの道徳観や人格的な成長を促す教育手法。学校で飼育する動物も、それに当たる。

② ペットロス症候群

死別や行方不明などの原因でペットを失ったショックから精神的ダメージを受ける状態。日常生活に支障を来たす場合もある。

監修
植木理恵 Rie Ueki

1975年生まれ。心理学者、臨床心理士。お茶の水女子大学卒業。東京大学大学院教育学研究科修了後、文部科学省特別研究員として心理学の実証的研究を行う。日本教育心理学会において最難関の「城戸奨励賞」「優秀論文賞」を史上最年少で連続受賞。現在、東京都の総合病院心療内科でカウンセリング、慶應義塾大学理工学部教職課程で講師を務める。著書に『「ぷち依存」生活のすすめ』(共著/PHP研究所)、『人を見る目がない人』(講談社)、『シロクマのことだけは考えるな! 人生が急にオモシロくなる心理術』(マガジンハウス)、『フシギなくらい見えてくる! 本当にわかる心理学』(日本実業出版社)、『小学生が「うつ」で自殺している』(扶桑社)、『好かれる技術　心理学が教える2分の法則』(新潮社)など。

植木理恵の人間関係がすっきりする
行動心理学

2016年8月22日　第1刷発行
2020年10月21日　第3刷発行

監修/植木理恵

発行人/蓮見清一
発行所/株式会社宝島社
〒102-8388　東京都千代田区一番町25番地
電話/営業　03-3234-4621
編集　03-3239-0928
https://tkj.jp
振替/00170-1-170829 ㈱宝島社
印刷・製本/株式会社光邦

ISBN978-4-8002-5909-7

BOOK STAFF

イラスト　加納徳博
原稿執筆　いとうやまね／野田慎一
龍田 昇／目片雅絵
撮影　宗野 歩
スタイリスト　佐野 旬
ヘアメイク　善本雅子
デザイン　別府 拓（G.B. Design House）
DTP　徳本育民
編集　坂尾昌昭／山田容子（G．B．）

参考文献

Chapter01

『信頼の構造　こころと社会の進化ゲーム』著／山岸俊男、発行／東京大学出版会

『「集団主義」という錯覚―日本人論の思い違いとその由来』著／高野陽太郎、
発行／新曜社

『面白いほどよくわかる! 恋愛の心理学』著／渋谷昌三、発行／西東社

『プロから聞いた　黄金の隠しワザ』編／暮らしの達人研究班、発行／河出書房新社

精神遅滞児におけるジャンケンの発達過程　静岡大学教育学部研究報告
（人文・社会科学編）第 46 号

今すぐ使える新時代の心理学講座～日常・仕事・恋愛・学校・スポーツで今日明日から使える実践技術～　グライスの協調性の原則における四公準　提供／牧村和幸（心理研究家）

専門家コラム 人を活かす心理学　【第 2 回】楽観主義者は成績がよい?　提供／日立システムズ

PsyPost　Why‘I’m so happy I could cry’makes sense　by YALE UNIVERSITY

目と健康シリーズ No.22　涙道や涙腺やまぶたの病気―涙道手術（ドライアイの手術を含む）と眼瞼下垂症手術―　監修／堀 貞夫（西葛西・井上眼科病院院長、東京女子医科大学名誉教授）、企画・制作／（株）創新社、後援／（株）三和化学研究所

ヘルスケア大学　思春期とは?思春期の定義と親が気を付けるべきこと
文／田中伸明（ベスリクリック院長）、提供／（株）リッチメディア

『卒アル写真で将来はわかる 予知の心理学』
著／マシュー ハーテンステイン、訳／森嶋マリ、発行／文藝春秋

at home 教授対談シリーズ こだわりアカデミー　犯罪者プロファイリングは、捜査だけでなく、防犯にも役立ちます。地域防犯に応用される犯罪者プロファイリング
インタビュー／桐生正幸（関西国際大学人間科学部教授）、提供／アットホーム株式会社

『その科学が成功を決める』著／リチャード ワイズマン、訳／木村博江、発行／文藝春秋

『20 代で絶対学んでおくべき心理術』著／内藤誼人、発行／東洋経済新報社

Moser JS, Schroder HS, Heeter C, Moran TP, Lee YH.

Mind your errors: evidence for a neural mechanism linking growth mind-set to adaptive posterror adjustments.

Psychological Science.

[専門医の検査のはなし 23] 脳波って何? 調べると何が分かるの?
提供／原田俊英（日本臨床検査専門医会）

『脳波検査依頼の手引き─所見をどう読むか』
著／原 常勝・秋山泰子・星 昭輝・横山尚洋、発行／医事出版社

『臨床脳波学　第 4 版』
著／大熊輝雄、発行／医学書院

『臨床検査技術学（7）臨床生理学』
著／清水加代子、編／菅野剛史・松田信義、発行／医学書院

『身体醜形障害　なぜ美醜にとらわれてしまうのか』著／鍋田恭孝、発行／講談社

心理学総合案内「こころの散歩道」 社会心理学入門・出会いの道　どんな人が好き?
対人魅力の心理学 1　美人は得か・美人心理学
提供／碓井真史（新潟青陵大学大学院臨床心理学研究科教授）

知ることからはじめよう　みんなのメンタルヘルス総合サイト　提供／厚生労働省

小さなことが気になるあなたへ　OCD コラム
主催／ OCD 研究会、企画／ Meiji Seika ファルマ株式会社

Balliet D, Li NP, Macfarlan SJ, Van Vugt M.(2011)
Sex differences in cooperation: a meta-analytic review of social dilemmas.

ダイヤモンド社書籍オンライン　心理学から考える、結婚がうまくいくコツとは?

幸せな家庭生活を送るための「3つの力」 植木理恵×大塚 寿 対談　提供／ダイヤモンド社

Science & Tech　Beauty and brains DO go together! Study claims good-looking men and women have higher IQs　By Daily Mail Reporter

『マンガ 思わず試してみたくなる心理学入門』監修／齊藤 勇、発行／宝島社

『認知的不協和の理論─社会心理学序説』
著／レオン・フェスティンガー、訳／末永俊郎、発行／ 誠信書房

『産業教育機器システム便覧』編／教育機器編集委員会、発行／日科技連出版社

『屋内照明のガイド』編／照明学会編、発行／電気書院

Business Insider　A 75-Year Harvard Study Finds What It Takes To Live A Happy Life　The Atlantic　What Makes Us Happy ?

Wegner, D.M., Erber, R. & Zanakos, S. (1993)
Ironic processes in the mental control of mood and mood-related thought. Journal of Personality and Social Psychology, 65, 1093-1104. Article

COACH A NEWS　「組織の知」を高める
文／市毛智雄（（株）コーチ・エィ取締役・国際コーチ連盟マスター認定コーチ）
提供／（株）コーチ・エィ

Paleolithic Man　ハーバード式 ネガティブな思考に上手く対処する８つの方法
文／ suzuki yu

心のコンサルタント　恋愛セラピスト あづまやすしの女と男の心のヘルス 癒しの心理学
文／阿妻靖史（恋愛セラピスト・パーソナルコンサルタント）

自尊感情（自己肯定感）を高める方法：自信のない子どもと大人のために
文／碓井真史（新潟青陵大学大学院 臨床心理学研究科教授）

The New York Times　The Philosophy of Data　By. David Brooks

IT pro　IT専門家に即役立つ極上アイデア発想法　［第11回］ポジティブ心理学者バーバラ・フレドリクソンが証明した想像力を高める基本スキル　提供／日経 BP 社

Changin Minds　How we change what others think, feel, believe and do
Social Impact Theory

Chapter02

『顧客力を高める—売れる仕組みをどうつくるか』著／平井孝志、発行／東洋経済新報社

PRESIDENT Online　なぜ、客は「6：4：3」で並んだ商品に弱いのか　高く売っても感謝される人間心理【1】ゴルディロックス効果　編集・文／大塚常好、提供／（株）プレジデント社

繁盛店の扉 Web　売れるドリンク研究所　「松竹梅理論」で生ビールを売る サイズバリエーション　提供／サッポロビール株式会社

マイナビニュース　【コラム】結婚に「平均」を求めるオンナたち
文／坂田陽子（恋愛アナリスト&婚活アナリスト）、提供／（株）マイナビ

Ariga, A., Kitamura-Suzuki, M., Watanabe, K., & Yoshikawa, S. (2010). Perceiving the faces of Buddha statues: On the relation with viewpoint and affective evaluation. Proceedings of Kansei Engineering and Emotion Research, 766-773.

『だから、男と女はすれ違う―最新科学が解き明かす「性」の謎』
著／NHK スペシャル取材班・奥村康一・水野重理・高間大介、発行／ダイヤモンド社

『女はなぜ突然怒り出すのか?』（角川 one テーマ 21）
著／姫野友美、発行／角川グループパブリッシング

『女の脳・男の脳』（NHK ブックス 821）著／田中冨久子、発行／日本放送出版協会

日経ウーマンオンライン　25 歳からのメディカル・アンチエイジング　「心が満たされている人」になるには　文／坪田一男（慶應義塾大学医学部教授）、提供／日経 BP 社

恥の構造に関する研究（社会心理学研究　第 16 巻第 2 号 2000 年）
文／樋口匡貴（広島大学 教育学研究科）

arsvi.com　生きて在るを学ぶ　提供／立命館大学生存学研究センター

『精神の生態学』著／グレゴリー ベイトソン、訳／佐藤良明、発行／新思索社

知ることからはじめよう　みんなのメンタルヘルス総合サイト　提供／厚生労働省

『ミルトン・エリクソン―その生涯と治療技法』著／ジェフリー・K. ザイグ　W. マイケル・ムニオン、訳／中野善行・中明 修、発行／金剛出版

The Endowment Effect, Loss Aversion, and Status Quo Bias by Daniel Kahneman, Jack L. Knetsch, Richard H. Thaler
The Journal of Economic Perspectives, 5, 193-206, Winter 1991

『自分では気づかない、ココロの盲点 完全版 本当の自分を知る練習問題 80』
著／池谷裕二、発行／講談社

The Gottman Institute　A research-based approach to creating stronger relationships

『愛する二人別れる二人―結婚生活を成功させる七つの原則』
著／ジョン・M・ゴットマン　ナン・シルバー、発行／第三文明社

『面白いほどよくわかる!心理学の本』著／渋谷昌三、発行／西東社

『Psychological Science.』発行／ Ingram

Studies Find Reward Often No Motivator
Creativity and intrinsic interest diminish if task is done for gain by Alfie Kohn

YaleNews With Hot Coffee, We See a Warm Heart, Yale Researchers Find

『からだの意識』
著／サイモン H. フィッシャー、訳／村山久美子・小松 啓、発行／誠信書房

タケダ健康サイト 自律神経の乱れ 提供／武田薬品工業株式会社

今すぐ使える新時代の心理学講座 力強い握手は強い共感と積極性の印
文／牧村和幸（心理研究家）

『愛する二人別れる二人一結婚生活を成功させる七つの原則』
著／ジョン・M・ゴットマン ナン・シルバー、発行／第三文明社

Low-ball procedure for producing compliance: Commitment then cost.
Cialdini, Robert B.; Cacioppo, John T.; Bassett, Rodney; Miller, John A.
Journal of Personality and Social Psychology, Vol 36(5), May 1978, 463-476.

Burger, J. M., and Petty, R. E., (1981).
The low-ball compliance technique: Task or person commitment- Journal of Personality and Social Psychology, 40, 492-500.

Mary Ann Liebert, Inc. publishers. Ecopsychology Examining Group Walks in Nature and Multiple Aspects of Well-Being: A Large-Scale Study

HEALTH SYSTEM UNIVERSITY OF MICHIGAN Walking off depression and beating stress outdoors? Nature group walks linked to improved mental health by Sara Warber

『Mind Hacks 一実験で知る脳と心のシステム』
著／ Tom Stafford・Matt Webb、訳／夏目 大、発行／オライリージャパン

『マンガ 思わず試してみたくなる心理学入門』監修／齊藤 勇、発行／宝島社

BLOGOS 知性の性差という地雷『なぜ理系に進む女性は少ないのか』 執筆／ Dain

『脳の性差一男と女の心を探る』著／新井康允、発行／共立出版

The Framing of Decisions and the Psychology of Choice by Amos Tversky; Daniel Kahneman
Science, New Series, Vol.211, No.4481.(Jan.30,1981), 453-458

フレーミング効果の理論的説明―リスク下での意思決定の状況依存的商店モデル―心理学評論 , 1994, Vol. 37, No. 3, 270-291　文／竹村和久（早稲田大学文学学術院教授）

『大人の時間はなぜ短いのか』 著／一川 誠、発行／集英社

『産業文明における人間問題　ホーソン実験とその展開　新訳』
著／エルトン・メイヨー、訳／村本栄一、発行／日本能率協会

Muehlenhard, C.L., Koralewski, M.A., & Burdick, C.A. (1986).
Verbal and nonverbal cues that convey interest in dating: Two Studies. Behavior Therapy, 17, 404-419.

『産後白書　産後のカラダとココロ実態調査』
発行／ NPO 法人マドレボニータ 産後白書プロジェクト

『産後クライシス』 著／内田明香・坪井健人、発行／ポプラ社

『産後クライシス なぜ、出産後に夫婦の危機が訪れるのか』
著／岡野あつこ、発行／角川学芸出版

医療コミュニティ つぼみクラブ　人体のフシギ 第 41 回　火事場の馬鹿力は本当に出るのか?
文／真ノ宮ゆな、提供／（株）医教

夫婦の旅行に関する意識調査　年を重ねる程、旅先でパートナーに惚れやすく冷めにくい !?
提供／ ExpediaInc.

夫婦間の愛情関係と夫・妻の抑うつとの関連―縦断研究の結果から
（性格心理学研究　第 11 巻第 2 号 2003 年）
小田切紀子（東京国際大学教授）・菅原ますみ（お茶の水女子大学教授）・北村俊則（熊本大学教授）・菅原健介（聖心女子大学教授）ほか

Chapter03

Iyengar, S. S., and Lepper, M. R. (2000).
When choice is demotivating : can one desire too much of a good thing?

The Wall Street Journal　なぜ私たちはいつも遅刻するのか　by SUMATHI REDDY

Bransford, J. D., & Johnson, M. K. (1972).
Contextual prerequisites for understanding : Some investigations of comprehension and recall. Journal of Verbal Learning and Verbal Behavior, 11, 717-726.

Mirjam A. Tuk, Debra Trampe and Luk Warlop. 2010.
Inhibitory Spillover : Increased Urination Urgency Facilitates Impulse Control in Unrelated Domains, Psychological Science.

Jaremka, L. M., Glaser, R., Malarkey, W. B., & Kiecolt-Glaser, J. K. (2013).
Marital distress prospectively predicts poorer cellular immune function.
Psychoneuroendocrinology, 38, 2713-2719.

Effect of Forest Bathing Trip on Human Health　アンチ・エイジング医学—日本抗加齢医学会雑誌 Vol.5　文／李卿（中国・漸江林学院客員教授）

『脳科学は人格を変えられるか?』著／エレーヌ・フォックス、訳／森内 薫、発行／文藝春秋

Want to Be More Creative? Take a Walk　The New York Times
Give your ideas some legs: The positive effect of walking on creative thinking　The Journal of Experimental Psychology: Learning, Memory, Cognition

Why we love high ceilings: Airy rooms stimulate the brain and encourage free thinking, psychologist - Daily Mail(3/6)
Study explores why high ceilings are popular - bdcnetwork(3/9)
Why Our Brains Love High Ceilings - Fast Company(3/5)

Thomas, L. E., & Lleras, A. (2007).
Moving eyes and moving thought: On the spatial compatibility between eye movements and cognition. Psychonomic Bulletin & Review, 14, 663-668,

怒りの維持と他者への共感—言語化による新たな視点の獲得（エモーション・スタディーズ 第１巻第１号 3-8（2015）文／遠藤寛子（心理学博士）

ヒューマンエラー学　ヒューマンエラーはなぜ起こる?どう防ぐ?　文／中田 享（国立研究開発法人　産業技術総合研究所 人工知能研究センター　知識情報研究チーム長）

『strategy ＋ business』（USA）

eMedExpert　The Power of Placebo Effect

Dijksterhuis,A, van Knippenberg,A. (1998).
The relation between perception and behavior, or how to win a game of trivial pursuit. Vol.74, 865-877

Slashdot　Australian Study Says Web Surfing Boosts Office Productivity　by Hugh Pickens

Yale School of Medicine　Psychiatry　Helping others dampens the effects of everyday stress by Christopher S Gardner

Clinical Psychological Science Prosocial Behavior Mitigates the Negative Effects of Stress in Everyday Life

『世界でひとつだけの幸せ―ポジティブ心理学が教えてくれる満ち足りた人生』
著／マーティン・セリグマン、訳／小林裕子、発行／アスペクト

『オプティミストはなぜ成功するか［新装版］』（フェニックスシリーズ）
著／マーティン・セリグマン、発行／パンローリング

一般社団法人 日本ポジティブ心理学協会　ポジティブ心理学とは?
提供／ JPPA

一般社団法人　ポジティブイノベーションセンター　ポジティブ心理学について　提供／ CPI

Keep Your Fingers Crossed! How Superstition Improves Performance
Lysann Damisch, Barbara Stoberock, and Thomas Mussweiler　University of Cologne

公益財団法人日本アレルギー協会 JAANet Station

『心理学を変えた40の研究―心理学の“常識”はこうして生まれた』
編／ロジャー・R. ホック、訳／梶川達也ほか、発行／ピアソンエデュケーション

Column

Brochet, F. (2001).
Tasting : Chemical object representation in the field of consciousness.

Snyder, M, tanke, ED&Berscheid, E. (1977).
Social perception and interpersonal behavior: On the self-fulfilling nature of social stereotypes. Journal of Personality and Social Psychology, vol35(9)., pp.656-666.

Simon,D,&Levin.D.T. (1998).
Failure to detect changes to people during a real-world interaction.

Simons, D. J. &. Chabris. C. F. (1999).
Gorillas in our midst; sustained inattentional blindness for dynamic events. Perception, 28, 1059-1074.

Balcetis, E,. &Dunning, D. (2010).
Wishful seeing : More desired objects are seen as closer. Psychological Science, 21, 147-152.

Holland R. W., Hendriks. M., &Aarts, H. (2005).
Smells like clean spirit. Nonconsicous effects of scent on cognition and behavior. Psychological Science, 16, 689-693.

Bègue, L., Bushman, B. J., Zerhouni, O., Subra, B. and Ourabah, M. (2013).
'Beauty is in the eye of the beer holder' : People who think they are drunk also think they are attractive. British Journal of Psychology, 104: 225-234.

Lewis G. Halsey, Joerg W. Huber &Jennifer C. Hardwick. (2012).
Does alcohol consumption really affect asymmetry perception? A three-armed placebo-controlled experimental study

finch &cialdini. (1989).
Another Indirect Tactic of (Self-) Image Management

Singer, A., Seymour, B., O' Doherty, J. P., Stephan. KE.. Dolan, R. J., & Frith, C. D. (2006).
Empathic neural responses are modulated by the perceived fairness of others. Nature, 439, 466-469.

Bluma Zeigarnik. (1927). On finisced & unfinisced tasks

D. R. Godden & A. D. Baddeley. (1975). context-dependent memory in two natural envronments: on land & underwater

『行動科学への招待 ——現代心理学のアプローチ——』
著／米谷 淳・米沢好史、発行／福村出版

NHK 特集「青い目茶色い目—私は目の色で分けられた」

Langer & Rodin.(1976).
The effects of choice and enhanced personal responsibility for the aged: a field experiment in an institutional setting.